本书由
浙江师范大学
中国语言文学学科
资助出版

新视界对外汉语规划教材

中国民间故事
讲述、表演与讨论

黎亮　常立　朱丁 ◎ 著

复旦大学出版社

本书由浙江师范大学中国语言文学学科
资助出版

目录

编写说明 / 1

第一课　王三做生意　/ 1
第二课　画饼　/ 11
第三课　八百零八岁的彭祖　/ 21
第四课　土地公公办傻事　/ 33
第五课　傻女婿　/ 43
第六课　田螺姑娘　/ 53
第七课　弃老国　/ 63
第八课　何香成仙　/ 73
第九课　请穷神　/ 85

第十课　　老狼精　/ 97

第十一课　　三姐嫁蛇郎　/ 109

第十二课　　找幸福　/ 121

第十三课　　参花姑娘　/ 133

第十四课　　狗耕田　/ 145

第十五课　　渔夫和水鬼　/ 157

附录1　　部分写作练习参考答案　/ 167

附录2　　学生故事习作选登　/ 168

编写说明

适用对象

《中国民间故事——讲述、表演与讨论》是为基本掌握汉语 HSK4 级及以上词汇和语法的汉语学习者,以及对中国故事和文化感兴趣的中外学习者使用。

本书特别适合作为国外汉语学习者的拓展阅读读物,用以激发学习兴趣、提高阅读水平。

主要目标

1. 以中国民间故事为学习材料,提高学习者的汉语口头表达和中文书写能力。

2. 将"创造""合作""反思"等价值引入教学,使故事转化为学习者自身的人生体验,使孕育故事的文化成为学习者思维活动的资源,进而丰富和发展学习者的学习经历。

主要特色

1. 主课文是 15 个中国风味浓郁的民间故事。故事根据学习者水平，适当进行改写，调整了篇幅长短和生词比例。民间故事经历千百年来的你说我说他说，其口语艺术的魅力不仅在于词汇的生动与丰富，更在于运用情节、悬念和问题意识吸引听众的技巧。所以，虽然本书对常用的重要生词都标注拼音、简单释义（对于看一眼动作和图片即能理解的生词则仅标出拼音），但教学的重点并非词汇，而更加强调运用汉语演绎故事、吸引听众、与听众互动的语言交际能力。

2. 借鉴创作性戏剧教育的实践经验和研究成果，将之贯穿于编写体例、教案设计和教学实践中，探讨对外汉语教学中文学教学的思路与方法。将戏剧融于教学，源自卢梭"在实践中学习"和"在戏剧实践中学习"的理念，最早兴起于美国，最近经由台湾传入大陆，目前正在成为儿童文学界新兴的研究和实践领域，值得在对外汉语教学中尝试和推广。广义的戏剧教育，将戏剧的方法与元素应用于教学和社会文化活动，提倡社会性、合作性、创造性的学习方式，以促进参与者的整体发展为首要目标，使之在不同层面学习成长。戏剧教育的实践过程，特别强调参与者的想象、协作与多元价值思维。

编写体例

每篇故事课文之前都以提问的方式导入，设置故事悬念，暗示故事要解决的问题，意在引起学习者听故事的兴趣。

故事课文是戏剧教育活动第一个环节——说故事——的蓝本。说的方式可以是学生说故事，也可以是老师说故事，或者学生先说然后老师再说（实践中应根据学生的实际水平调整，学生说得好，老师则可以少说）。老师说的时候，可以一气说完，也可以在某处停下，让学生发挥想象创造故事走向。比如，在讲第六课《田螺姑娘》时，讲到小伙子和田螺姑娘结了婚，"可是有一个人不开心"，"到底是谁不开心，为什么不开心"由学生来说，启发学生参与故事创作。说故事的目的主要是帮助学习者理解故事的基本情节、氛围和主题。实际上，根据两个学期的教学观察，课文阅读中遇到的许多理解障碍，通过说故事（口语＋动作＋幻灯片）能比较轻松地扫除。

在基本理解故事之后，设计表演任务，展开戏剧教育活动的第二个环节——演故事。演故事的过程，就是把语言、场景、人物和故事表演出来。由于学习者的汉语水平差异，有的在说故事环节已经充分理解了故事，另一些则还有些似懂非懂。通过演故事，不仅帮助学习者进一步懂得故事说什么，也促使他们通过讨论与合作，自主丰富和完善故事。表演任务从三个角度设计：1. 挖掘即兴对白。比如第三课《八百零八岁的彭祖》中，故事讲到彭祖为了不死"哀求"桃花公主帮助，后来又"说服"小鬼放过他，他怎样哀求，如何说服，都由学习者通过表演和互动展现出来。2. 鼓励创造故事场景。比如在第二课《画饼》中，讲到吝啬的弟弟舍不得买礼物给哥哥，就买了一只草编的鸡。学习者通过小组讨论，设计了弟弟去农舍买鸡的场景，甚至由其中一位扮演鸡，将吝啬鬼的吝啬表演和衬托得十分滑稽传神。3.鼓励以自己的方式诠释人物。比如第一课《王三做生意》，王三每次主动提出和别人交换，在价格上都是吃亏的。然而，让学习者表演其中某个交换片段"四只驴换六只羊"时，有两位学生做了这样的诠释：赶羊的人其实觉得羊很烦人，并不是为了贪王三的便宜才同意交换。结果，同一个故事，同样的文字表述，经过表演的诠释，却表现出多元的故事意义和多种可能的人物个性。在时机成熟、时间充裕的情况下，可以引导学生把整个故事表演出来。有时候，表演任务的设计跳出了故事的基本情节，抓住一个与故事相关的主题进行拓展。比如，第十课《老狼精》，更适合年龄较小的学习者表演。考虑到故事来自中国人守家护院的风俗，可以衍生出自我保护的主题，于是设计了一些学习者可能遇到的危险场景，让他们在表演中探讨应对策略。

讲故事、演故事之外，根据对故事主题和人物的理解，本书设计了一些具有开放性的话题让学生讨论。讨论的过程，也是观念碰撞和反思的过程，与前面两个环节密切相关，共同完成对故事的创造性理解和诠释。

每五篇课文构成一个单元：第一单元讲解故事中的笑文化；第二单元讲解故事中的民俗；第三单元讲解故事的兴变。讲解之后，选择与故事和故事中的文化相关的其他故事作为扩展阅读资料。每一课的最后，都设计了以民间故事为开头的续写练习。

附录部分择优选择了几篇留学生习作。

使用建议

本书共 15 课，建议每课 2 课时。

第一课时：主要是听故事、读故事，大致了解故事讲什么。具体操作：1. 课前安排几个学生，请他们把故事讲述或表演给大家，要求是能让大家听懂，大致知道故事讲什么。（15 分钟）2. 老师点评、复述故事，使学生对故事有更清晰的了解。（10 分钟）3. 学生提问，教师帮助扫清理解障碍。（10 分钟）

第二课时：1. 布置表演任务。（5 分钟）2. 学生表演。（15-20 分钟）3. 教师点评和讨论。（15-20 分钟）扩展阅读和与故事相关的民俗，教师可以根据大家的兴趣选择穿插安排。扩展阅读通常是鼓励学生课后读，课上可以给读了的同学几分钟讲给大家听。

此外，学期中安排两次故事写作课，提前给题目，当堂写。

本书的编写将创作性戏剧教育的方法和目标纳入对外汉语教学，重视学生的体验、想象、互动和反思，意在使学生在创作性活动中自由地表达、愉悦地游戏。在实施的过程中，教师角色从单向的知识传播者转变为课堂活动的组织者、观察者和协助者，学生则从被动的知识接受者转变为理解和创造中国故事的知识创造者，课堂则成为多元文化语境下文化知识生产和再创造的场域。

最后，特别感谢浙江师范大学中国语言文学学科资助出版。

编 者

2018.7

四头驴(lú)换一把伞,这样的事情你会做吗?如果有一个人这么做了,你能想象这是怎么回事吗?

第一课
王三做生意

从前有个叫王三的人，借了五百两银子，到外面去做生意[1]。

他在外面看到驴便宜，便用五百两银子买了四头驴。他赶[2]着驴往回走，走了快三天了。这一天，他在一家店里看见有人赶着六只羊路过，他想："赶驴，天天晚上都得起来喂它，累得觉也睡不好，不如赶羊。"想到这里，他就对赶羊的说："伙计，咱俩换换行吗？四头驴换你六只羊。"那个赶羊的一听，连说："行行行！"

王三用四头驴换了六只羊。

第二天，他赶着羊回家。可是那些羊不听他的话，他往东赶，羊往西跑，他往西赶，羊往东窜[3]。把王三急得满头大汗，最后他一步也走不动了，只好坐在一块石头上喘气[4]。

一个卖西瓜的挑（tiāo）着一担（dàn）西瓜过来。虽然担子很重，可是人走得很轻快。这人一边走，一边喊（hǎn）："甜西瓜！"

---

1 生意（shēng yì）：买卖。做生意，意思是做买卖。
2 赶（gǎn）：让……走，使……走。
3 窜（cuàn）：乱跑。
4 喘气（chuǎn qì）：很急地呼吸。

王三正热得难受,听见卖瓜,就叫住那人,买了一个瓜吃。他一边吃一边想:"西瓜多好呀,不如和他换一换。"想到这里,他便对卖西瓜的说:"伙计,咱俩换换,我的六只羊换你那担西瓜吧。"

卖瓜的立刻[1]同意了。于是王三的六只羊换了八个瓜。

这下子,王三又来劲[2]了。他挑着担就走。开始,还觉得不太重,谁知越挑越重。这时正是七月天,太阳火红,热得难受。他又累又热,浑身[3]是汗,一步也走不动了。正巧对面来了一个人,打着一把凉伞,走得轻快极了。王三忙向那人喊道:"伙计,我的这些瓜换你的伞好吗?"

那人很乐意。于是王三的八个瓜又换来一把伞。

他打着伞高高兴兴往回走,走到家门口,忽然刮来一阵风,把伞一下子刮跑了。

 ## 表演与讨论

一、演故事

1. 王三用四头驴换了六只羊。请两位同学表演一下他们是怎么做成

---

1 立刻(lì kè):马上。
2 来劲(lái jìn):来了劲头,觉得有意思,有热情,有力气。
3 浑身(hún shēn):全身。

这笔买卖的。

2. 假如你有一把伞，你能依次换到八个西瓜、六只羊、四头驴吗？请试着表演一下。

3. 请拿出你的一样东西，试试看在这个教室里，你能换到什么。然后告诉大家，你是怎么换到的。

二、讨论

1. 王三用六只羊换了八个西瓜，如果你是卖瓜的，你会跟他换吗？为什么？
2. 你认为卖瓜的老板是个什么样的人？
3. 你认为王三是个什么样的人？
4. 我们可以从这个故事中学到什么？

 **故事中有笑**

对愚蠢[1] 没有同情心

人们同情不幸，但是如果不幸是因为愚蠢，人们就要笑。

---
1 愚蠢（yú chǔn）：笨、无知。

蠢人蠢事千奇百怪，总的说来，差不多有两种：一是对世界的认识有问题；二是对自我的认识有问题。《王三做生意》里的王三，不明白等价交换，是对世界的认识有问题。相似的还有《不识镜》这样的笑话，讲述了自我认知的缺陷[1]：

老爸爸叫儿子去买个仆人（pú rén）回来，叮嘱（dīng zhǔ）他说："生意人总是把好的藏起来，你要瞪（dèng）大眼睛好好挑。"儿子到镜子店一看，镜子里有一个壮小伙子，心想：这个好，这个好，爸爸说的果然不错，好的都藏在里面的。于是看着镜子问老板："这仆人卖多少钱？"老板一听就知道他有些呆，骗他出高价买下了这面镜子。回到家里，老爸爸问："买来了吗？"他说："买来了，在我怀里呢。"老爸爸拿过镜子照了一下，只看见里面那个人花白的头发，花白的眉毛，黑黑的皮肤布满皱纹（zhòu wén），顿时火冒三丈[2]："你拿五百两银子，怎么给我买回来一个老不中用的呢？"说着就要打儿子。这时候，老妈妈抱着小女儿过来了。"你别急，让我先看看！"一看，就乐了。"我说老头子，儿子买了妈妈和女儿两个来，多大的便宜！"听这么一说，老爸爸也高兴起来。可是过了好久，不见仆人出来，这家人请来一个巫婆（wū pó），请她把藏在里面的人召唤[3]出来。巫婆把镜子挂在门上，跳起舞来。村里人都来看，都指着镜子说："看这家人买的好仆人，还会跳舞呢！"正说着，镜子掉在地上，

---

1 缺陷（quē xiàn）：缺点，不足。
2 火冒三丈（huǒ mào sān zhàng）：非常生气的样子。
3 召唤（zhào huàn）：把……叫来。

咣啷（guāng lāng）一声摔（shuāi）成两半。巫婆捡起来，左手一片，右手一片，大喊起来："你们看，你们看，一个仆人变成两个了。"

认不出镜里的人，认不出自己，恐怕是所有愚蠢里面最大的也是最难免的吧。故事鼓励人们发笑，因为无论是谁，对蠢人蠢事发笑的时候，自己也能变得聪明一些。

 **扩展阅读**

1. 逗你玩

一位大嫂在家门口晾（liàng）了几件衣服。她对孩子说：

"小虎啊，咱晾着衣裳呢！在门口看着啊！别叫小偷偷了去。谁来偷衣服了，你喊我啊！别动啊！哪也别去啊！就在门口站着啊！有事你喊我。"

说完就进屋里（wū lǐ）干活去了。小孩就站着，看着这几件衣裳。他在门口站着也不动，挺老实的。

小偷过来了，说："噢，这好地方！"又问小孩："几岁了？"

小孩答："5岁。"

"叫什么？"

"小虎。"

"小虎，你认识我吗？"

"不认识！"

"不认识？咱俩一起玩，行不？我叫'逗你玩'。小虎！叫我名字！"

"逗你玩。"

"哎，对对！"

"再叫一遍。"

"逗你玩。"

"好，太好了！"

小偷听小孩叫了他几次，伸手去拿下一件衣服。

小孩喊："妈妈，他拿咱衣服啦！"

妈妈在屋里忙，问他："谁啊？"

"逗你玩！"

"这孩子，一会儿我揍（zòu）你！好好看着！别乱喊！"

小偷又把一条裤子拿了下来。

"妈妈，他拿咱裤子了。"

"谁啊？"

"逗你玩！"

"这孩子你不老实，我揍你！"

过了一会儿，孩子妈妈忙完了出门一看，衣服全没了。

"小虎，你还在这站着！咱的衣服呢？"

"拿走了!"

"谁拿走了?"

"逗你玩!"

"还逗你玩呢?"

2. 小洞变大洞

有三个人出外旅行。他们乘着一艘小船过河。忽然刮起大风,下起大雨,因为船边破了个洞,船里面漏(lòu)进了很多水。三个人都吓得惊叫起来:"不得了,不得了!"

一个人说:"我们把船翻个身,水就出去了。"

另一个人说:"我们劈(pī)开半边船,水不就出去了吗?"

第三个人说:"最好是在船底挖个大洞,船底有了洞,水自然就流出去了。"

大伙认为这个办法好,就动手挖起洞来。谁知越挖越漏,最后满船都是水,船沉了下去。

这个出主意挖洞的人说:"不对啊!我记得水是向下漏的,为什么这水往上漏呢?"

3. 一厚一薄(báo)

有一个人穿错了靴子(xuē zi),一只高,一只低,走起路来很不舒服。

他感到很奇怪，说："今天我的腿怎么一长一短呢？如果不是我的腿有毛病，那就一定是路有毛病了！"

别人看见了，对他说："你这么穿靴子，一只高一只低，是为什么呀？"

他听了别人的话，连忙回家去换。可是去了不久又一高一低走着回来了。别人问他怎么回事，他说："换也没用，家里的那两只，也是一高一低啊！"

4. 打油

一天，阿凡提拿了一个碗到街上去打油。他走到卖油的那里买了一块钱的油。卖油的把油给装在他那个碗里，还剩下一点装不下，卖油的问：

"剩下的油怎么办，阿凡提？"

"装在这个碗底里吧！"阿凡提说着就把油碗翻了过来。油都倒在地下了，他还不知道，拿着碗就回了家。他老婆正把锅烧得热热的，一看只有这么一点油，就生气地说：

"哎呀！你连这么点脑子都没有吗？"

"哎，傻（shǎ）东西！不要这么大喊大叫的！你看，这边还有。"阿凡提说着把碗又翻了过来，剩下的油也洒在地上了。

第一课　王三做生意

写作练习

请续写下面这个故事。

为什么不走快些?

　　有个人走路总是不紧不慢的。有一天,他正在街上走着,忽然下起了大雨。路上的行人都飞快地跑着躲雨。他仍是不紧不慢在雨里走着。旁边的人问他:"你为什么不走快些呢?"他叹(tàn)了口气回答:"_____
_____。"

"一毛不拔(bá)",说的是一个人不愿意花钱,从来没有请过客,也从来没有送过礼物。中国是一个特别讲礼的国家,一个特别讲礼的人,又不想送礼,他会怎么办呢?

第二课
画 饼

　　有两个吝啬[1]的人成了好朋友，互相称（chēng）起了兄弟。一天，二弟要出远门，准备到大哥家去辞行[2]。他想，带点儿礼物吧，舍不得[3]花钱；不带吧，又觉得不好看。想来想去，最后买了一只草编（biān）的鸡。

　　二弟到了大哥家，恰巧[4]大哥不在家，只有大嫂在。二弟拿出草鸡来说：

　　"大嫂，我要出门了，今天来告别，请把这只鸡收下吧！"

　　大嫂一看是草编的鸡，心想：真有你的。就说：

　　"哎呀，二弟，你怎么这么客气呀！每次来都叫你破费[5]！你大哥不在家，我替他谢谢你吧。"

　　大嫂把这只"鸡"收下以后，心想：人家给我们送礼来啦，我得留人家吃饭呀！吃什么呢？他送的是草编的鸡，哎，有啦！便说：

1　吝啬（lìn sè）：小气，不愿意花钱，特别是不愿意给别人礼物和帮助。
2　辞行（cí xíng）：远行前向亲友告别。
3　舍不得（shě bù dé）：不愿意，不忍心。舍不得＋动词。
4　恰巧（qià qiǎo）：刚好，正好。比如：他来的时候，我恰巧在家。
5　破费（pò fèi）：花太多钱，特别是当别人为自己花钱的时候，中国人喜欢说"您破费了"。

"二弟呀，你出去这一趟不知道什么时候回来，今天别走了，在家里吃个饭。"

说着，就在桌子上摆（bǎi）了两双筷子，放上两个盘子，拿出一支笔，找了一张纸，在纸上画了一块饼。

"兄弟，吃吧，趁[1]热儿，凉了就不好吃啦！"

"哎，那我就不客气了。"

二弟做出吃饼的样子，吃了一会儿，说："吃饱了。多谢！我回去了。"

二弟走后不久，大哥回来了。大嫂告诉大哥说：

"二弟今天来辞行了，还送了只'鸡'来！"

说着，把那只"鸡"给大哥瞧[2]了瞧。大哥说：

"人家给咱们送礼来，没留人家吃饭吗？"

"留他吃啦！"

"吃的什么呀？"

"大饼，这不，还在这撂[3]着呢！"

大嫂以为大哥会夸奖她，谁知他过去瞧了瞧这张饼，叹（tàn）了口气说：

"哎，这都怪我不在家！我要在家，就凭[4]这只鸡，说什么也不能给他吃这么大一个饼啊。"

1　趁（chèn）：利用时间、机会。如，趁早，趁机。
2　瞧（qiáo）：看。
3　撂（liào）：放。
4　凭（píng）：根据，依靠。

表演与讨论

一、演故事

1. 大嫂画了一个饼,请二弟吃。请两位同学表演一下。

请注意:装作吃饼的样子,要怎么表演?

2. 请大家分组表演一下这个故事。

请注意:1)故事里有几个人? 2)表演的时候需要几个人? 3)故事里没有讲,但是你觉得可以增加什么人?增加什么情节?

二、讨论

1. 你身边有没有吝啬鬼?为什么你觉得他(她)吝啬?

2. 你会和吝啬的人交朋友吗?为什么?

3. 吝啬的反义词是慷慨,慷慨这个词,还会让你想起哪些词?哪些事?

4. 中国有一位富豪说:"财富就像水。如果只有一杯,你就自己留着。如果有一桶,你应该与家人一起喝。如果拥有一条河,你就应该与每个人分享。"你同意吗?为什么?

5. NBA 有些黑人球星，富有的时候，非常慷慨，照顾所有亲人朋友的生活，满足他们的各种需求。可是，等这些球星不打球了，钱只有出没有进，很快变穷了。这时候，他的亲人朋友就会离开他。你对这件事怎么看？

 **故事中有笑**

为什么吝啬很可笑

不过是一个画在纸上的饼，都舍不得送大的，真的太吝啬了！《画饼》让我们看到了吝啬的可笑。

中国民间像这样的吝啬鬼故事多如牛毛。元朝有位戏曲家还写了一部戏剧，叫《看钱奴》，把吝啬鬼的形象搬上了舞台：

一个叫贾（jiǎ）仁的穷人，靠挖（wā）土筑（zhù）墙养活自己。一天挖到周家祖先藏（cáng）在地下的宝藏成了富翁。后来财富越来越多，人却还是那么小气。想吃烤鸭，舍不得花钱，就拿手在烤鸭上面摸一把，五个手指头满是鸭油，回去咂（zā）吧一个手指头，吃一碗饭。吃到第四碗，狗把最后一个手指头上的鸭油舔（tiǎn）去了，他就生气，气得生起病来，再也救不好。临死前，他对儿子说："别去买棺材（guān cái），太浪费了。把我剁（duò）成两半，扔在马槽¹里就好"，又说："我的骨头硬，砍（kǎn）的时候怕弄坏斧子（fǔ zi），去别家借一把斧子来"……

贾仁死了，他的儿子本来是从周家买来的，后来又与自己的亲生父母相见，钱财又归了周家。所以说看钱奴舍不得钱，却没留住钱，最后替别人看了一辈子钱。

这类故事嘲笑²吝啬，实际上是赞美互助。科学家发现：人的基因里既有利己的部分，也有利他的部分；只知道利己的人群最终灭亡，互助的民族才发展到今天。这些世代流传的吝啬鬼故事，携（xié）带着人类生存的智慧，把利他的精神播种在人们心中。

 **扩展阅读**

1. 爱财的老人

一个老人临死的时候，把他的三个儿子都叫到面前，说："儿子啊，

---

1 马槽（mǎ cáo）：马吃草用的工具。
2 嘲笑（cháo xiào）：不满意或者觉得不对、不合适，这时候的笑就是嘲笑。

我的病十有八九是好不了了。如果我死了,你们打算怎么办呢?"

大儿子说:"唉!如果父亲死了,我只有买好的棺材好的衣服给你……"

老人大怒(nù),骂(mà)道:"别说你是我的儿子!滚出去!"说完,转过脸问二儿子。

二儿子不慌不忙地说:"唉!父亲一辈子都舍不得花钱,如果你死了,我也不敢乱花钱,一定把你的衣服都脱了,把你光着身子埋(mái)了。"

老人叹(tàn)息着说:"唉!我连一个好儿子也没有,真是白活了!"

三儿子没等父亲问,他便痛痛快快(tòng tòng kuài kuài)地说:"父亲一生都在想多弄几个钱。我怎么敢不学父亲呢?所以如果父亲死了,我一定把你身上的衣物都拿去卖了。"

老人听了很满意,笑着死了。

2. 不要命

有个人请朋友来吃饭,上了四样菜:炒豆腐(dòu fu)、拌(bàn)豆腐、炸(zhà)豆腐、烩(huì)豆腐,最后又来了一个豆腐汤。朋友就问:"怎么都是豆腐啊?"

这个人说:

"我最喜欢吃豆腐,豆腐就是我的命!"

第二天朋友请他吃饭,在所有的菜里都放了豆腐:豆腐炖(dùn)

肉、豆腐清蒸鸡、糖醋（táng cù）鱼豆腐……。开始吃饭啦，他拿起筷子大块鱼、大块肉往嘴里送，豆腐呢，连碰也没碰。朋友很奇怪，就问他：

"你不是最爱吃豆腐吗？"

"是啊！"

"豆腐不是你的命吗？"

"是啊！"

"那你怎么一块豆腐也不吃呢？"

他说："豆腐是我的命，可我要是见了鱼呀肉呀的，就连命也不要了！"

3. 借锤（chuí）

从前有两个邻居，都很吝啬。有一天，一个叫自己的儿子去向另一个借锤子。

"伯伯，我爸爸想借一把锤子。"

邻居问："你敲什么钉（dīng）子，铁钉还是木钉？"

"敲铁钉。"

"啊！敲铁钉。"邻居用手摸着脑袋，装出一副为难的样子，"哎呀，告诉你爸爸，我的锤子不在家，被孩子的舅舅借走啦，实在对不起。"

孩子回到家里一五一十地告诉爸爸，爸爸听了很生气，骂道：

"刚才我还看见他用锤子呢！真想不到，世上还有这样吝啬的人，用用他的锤子都舍不得！"他皱（zhòu）着眉头，咬（yǎo）咬牙说："咳，没办法！现在只得把咱们家的锤子拿出来用了。"

4. 合伙买靴子

兄弟二人合伙买了一双新靴子（xuē zi），他俩商量好：谁有事出门就穿新靴子。哥哥事情多，经常出门，所以穿新靴子的时候就多。这一来，弟弟不乐意了，于是，他便在夜里哥哥睡觉的时候，穿上新靴子，在屋子里来回走。

一个白天穿，一个夜里穿，不久，那双靴子就穿破了。哥哥又和弟弟商量再买一双，弟弟急忙摇头说：

"不干了，我晚上还要睡觉呢。"

5. 谁要你许他日子

有一个人，朋友请客，他每次都到，自己却从来不请人吃饭。

一天，他病倒了。老婆拿了一些药瓶药碗在窗下洗。

邻居看见这么多碗，问："今天你家请客吗？"

他老婆说："我家这位是只进不出的，要他请客，等下一辈子吧。"

这话被他听见了，他很生气地说："你这个多嘴的，谁要你许他日子了！"

写作练习

请续写下面这个故事。

真本事

从前,有个有钱人,想故意为难¹仆人。过年的时候,他对仆人说:

"去买些酒来。"

仆人问:

"没有钱怎么买?"

有钱人说:

"花钱买酒谁不会,没钱买来酒才算真本事呢!"

过了一会儿,仆人提着一个空瓶子回来说:

"酒买来了,请喝吧!"

有钱人一看,是个空瓶子,便说:

"没有酒,叫我怎么喝?"

仆人说:_____。

---

1 为难(wéi nán):动词,为难某人,意思是让人感到很难办。

中国人有句古话："人到七十古来稀（xī）"——说的是古时候，能活到七十的人很少。可是，传说彭祖却活了八百零八岁，这其实是有些麻烦的，他会遇到什么麻烦呢？

第三课
八百零八岁的彭祖

很久以前,有个人,大家都喊他老彭。老彭住的街上有个算命先生,很会算生死。一天,老彭从街上经过,算命先生叫住他:

"哎呀,明天你就要见阎王[1]老爷了,还在这里闲逛呢!"

老彭知道这算命先生算一个验一个,这次肯定也错不了。回到家,哭了一夜。第二天早上,也懒得起床,躺着等死。等了老半天,不见有什么动静,便开始胡思乱想[2]起来。

"我连个儿子都还没有,怎么能死呢?我得马上找个儿子去!"

于是跑到大街上。

"谁被我撞上,谁就得做我儿子。"

碰巧一位老人家走过来,他上去一把拉住,大声喊道:

"做我儿子吧,做我儿子吧!"

老人家也着急了,嚷(rǎng)道:

---

1 阎王(yán wáng):鬼世界的王,传说人死之后就要去"见阎王"。说"某人见阎王了",意思就是"某人死了"。
2 胡思乱想(hú sī luàn xiǎng):乱想、瞎想。

"放开我！别开玩笑了！"

"算命先生说我今天就要死了。我还没有儿子呢，你做我的儿子吧！"

老人家说："我女儿是桃花公主，很会破生死。你去求求她，她肯帮你，说不定你不用死。"

老彭跟他到了桃花公主面前，哀求[1]公主想办法帮他。一开始，公主不答应，老彭求了又求，求得她心软了，于是告诉他说：

"你快快回去办桌酒菜，抬在你家门前的十字路口，桌子四面围着布，你躲在里面。来捉（zhuō）你的小鬼，必定从十字路口经过。这些小鬼都很嘴馋[2]的，看见酒菜，一定坐下来吃。你等他们吃好了，从桌底下出来，说服[3]他们不要捉你。他们吃了你的东西，或许就不好意思抓（zhuā）你了。"

老彭跑回家，备好酒菜等着。两个小鬼来到十字路口，看见酒菜，脚都动不了了。这个抱着酒就喝，那个抓着菜就吃。一阵狼吞虎咽[4]，一桌子酒菜全都吃光了。

刚要动身离去，老彭从桌底下钻了出来。

"我这桌酒菜是给阎王老爷吃的，你们怎么偷吃呢？"

小鬼你看我，我看你，不说话。

"你们放了我，不然，我就到阎王面前说去！"

小鬼想，阎王知道他们吃了他的酒菜，肯定要打屁股（pì gu）的。可

---

1 哀求（āi qiú）：苦苦地请求。
2 馋（chán）：贪吃，看见好吃的东西就想吃。
3 说服（shuō fú）：想办法使别人愿意、同意。
4 狼吞虎咽（láng tūn hǔ yàn）：大口吃饭，吃得很快，像狼和虎吃东西一样。

是，生死簿¹里写着老彭今天死，这还能改吗？小鬼点子还真多，把老彭的名字移在簿子的缝隙（fèng xì）里，阎王看不着也就不来问了。

老彭一直不死，活到了八百零八岁。

在这八百零八年中，老彭不知娶了多少老婆。你想啊，他是不死的，老婆可活不了几十年。老彭只得死一个，娶一个。这样每过几十年，就有一个老婆变成鬼，到阎王殿里去。

阎王老爷诧异²了。

"这个来，说是老彭的老婆，那个来，也说是老彭的老婆。这个老彭到底是谁？他有多大寿限³？能有这么多老婆？"

阎王老爷派⁴两个小鬼去捉老彭。这两小鬼不知老彭什么样子，就每天坐在一座小桥上刷煤炭（méi tàn）。

一天，老彭恰巧从桥上经过。

"你们怎么刷煤炭呀？"老彭问。

"刷成雪白的颜色，多么好看！"小鬼说。

"哈哈！我老彭活到八百八，未见煤炭水上刷。"

老彭笑得眉毛胡子乱动，不提防⁵，两个小鬼从衣里甩出铁绳（shéng）。

"这回可抓住你了！"

老彭后悔也来不及了，铁绳已经套上了脖（bó）子，他只好跟着小鬼

---

1 生死簿（shēng sǐ bù）：中国传说中能决定人生死的书，上面写着人的名字和死亡时的年龄。
2 诧异（chà yì）：吃惊，奇怪。
3 寿限（shòu xiàn）：寿命的极限。能活多少岁，寿限就是多少岁。
4 派（pài）：派某人做某事，意思是安排某人做某事。
5 提防（dī fang）：小心，小心防备。

到阎王那里去报到。

因为老彭活了八百零八岁,号称远古时代最长寿的老人,后人尊他为"彭祖",也就是民间年画《福禄(lù)寿三星》里的寿星。

表演与讨论

一、演故事

1. 老彭听说自己只能活一天,他说了什么?做了什么?请两位同学(分别扮演老彭和桃花公主的爸爸)表演一下。

2. 老彭请桃花公主帮忙,最后桃花公主同意了。老彭是怎么哀求桃花公主的?请两位同学表演一下。

3. 老彭在家门前摆了一桌酒菜,等小鬼吃完,想办法说服小鬼让他不用死。请三位同学表演一下。

4. 老彭的老婆死了之后,一个一个去见阎王,她们是怎么做的?怎么说的?请几位同学表演一下。

二、讨论

1. 人的生死是注定的吗？你相信命运吗？
2. 老彭死之前想要有个儿子，这是为什么？你理解吗？
3. 如果明天就是你生命的最后一天，你打算怎么办？
4. 如果你的最后一天是在明年或者 10 年之后呢？你的打算会有不同吗？
5. 如果你可以选择正常死亡或永远不死，你会选择哪一样？为什么？

故事中有笑

贪婪[1] 也是可笑的

要儿子、要长生、要老婆……人总是有这样那样的愿望，但是"谁被我撞见谁就要做我儿子"，像老彭要得这么着急，这么可笑，就是贪婪了。

你做过聚宝盆（jù bǎo pén）的美梦吗？喜欢的东西，扔进去一个，

---

1 贪婪（tān lán）：不知道满足，贪心。

拿出来无数个。可是，如果把美梦无限做下去，一个接一个往里面扔东西，会怎么样？有个故事是这么说的：

一个人抢了别人的聚宝盆，不停地往里面扔宝贝，最后不小心把坏脾气的老爸爸扔了进去，出来无数个坏脾气的老爸爸……

人们想象中的聚宝盆

发财的梦总有人在做，想发财结果闹（nào）了笑话的故事也总有人在讲。下面这个阿凡提的故事就是这样：

有一次，阿凡提借了一袋黄金，把它种在土里。皇帝看见了，听说可以种黄金，就给他一袋让他种。阿凡提很快拿出双倍的黄金给皇帝。种黄金收黄金多么好！皇帝就把所有的黄金交给阿凡提去种。阿凡提把这些黄金分给穷人，然后对皇帝说："这些天不下雨，黄金全渴死了。"皇帝不相信:"黄金怎么会渴死呢?"阿凡提笑着说:"你既然知道黄金能长出来,也该知道黄金会渴死的啊!"

故事里,贪婪的人最后什么也得不到,或者得到的都是麻烦,是不是很可笑?如果更多的人听了这样的故事,更多的人明白贪婪是可笑的,世界也许就会更美好。

扩展阅读

1. 死不瞑(míng)目

有个人快要死了。临死前,他不肯闭上眼睛,躺在床上不停地说着话。

儿子问:"爹,您说什么呢?"

"没有,只是我闭不上眼睛呢。"

"怎么闭不上眼睛呢?"

"有一回上你姥姥家去喝酒,最后那块肉没吃着呀!"

"爹,您怎么不快些用筷子夹起来呀?"

"筷子上有一块呢!"

"那怎么不快些放嘴里吃呀？"

"嘴里有一块呢！"

"那怎么不快些把它咽（yàn）下去呀？"

"嗓（sǎng）子里头还有一块呢！"

2. 纪念

阿凡提的一个朋友要出远门，来跟阿凡提告别，看见他手上戴着只金戒（jiè）指，便打主意想把那戒指要过来。

"阿凡提，"他朋友说："长久不见你，我可真过不了日子；如今要出远门了，我想你了怎么办呢？我说，把你这只戒指给我戴上，我一见到这戒指就会像见到你人一样，就安心了。"

把这么珍贵的东西交给别人，阿凡提舍不得。

"我太感动了，"阿凡提说，"我么，长久不见你也是过不了日子的。为我着想着想吧，你让它留我这儿，那么我一见到它——'哦，朋友要过，我没给'，也就想起你来了。"

3. 锅（guō）生儿

一天，阿凡提向邻家借了口锅，一个礼拜过后，在锅里加放了一口小锅还了回去，锅的主人很不解，问道：

"你放上这小锅来算什么呀？"

"你那口锅是有孕(yùn)的,"阿凡提说,"到我们家里两天就生了小锅。"

"哦!——往后再用锅,你尽管来借得啦。"主人提着大小两口锅进了屋(wū)。

没过几天,阿凡提来向这家邻居又借去了大锅。

一个礼拜过去,两个礼拜过去,一个月过去了,就是不见阿凡提来还锅。锅主人很着急,便去找阿凡提要。

阿凡提对他说:"真是不走运!你那锅到我家里两天就死了。"

一听这话,邻居恼火[1]起来:"哎,阿凡提!你装什么蒜[2]!世上有死了锅的么?还我的锅来!"

"嚯(huò),好个不讲道理的人!"阿凡提说:"你相信锅能生孩子,怎么就不信锅会死呢?"

4. 兔汤

阿凡提的一位朋友,打猎回来,带给阿凡提一只兔子。阿凡提很高兴,拿兔子做菜请他吃了一顿晚饭。

不到一个星期,那打猎的又来了,敲阿凡提的门。

"谁呀?"阿凡提问。

"我呀,上回给你送兔子来的那位朋友呀。"打猎的回答。

---

1 恼火(nǎo huǒ):生气发火。
2 装蒜(zhuāng suàn):不诚实、不真诚,装样子。

阿凡提又拿兔子汤招待（zhāo dài）了那位朋友一晚上。

一个星期以后，有那么五、六个人，说："咱们结识结识阿凡提去。"他们就找阿凡提来了。

阿凡提问他们："你们是谁啊？"

"我们是送你兔子的那位朋友的朋友。"

"哦！好好！"

阿凡提拿汤茶[1]也招待了他们。

又一个星期以后，阿凡提家里又来了八、九个人。阿凡提问他们是谁，他们回答说：

"我们是送你兔子的那位朋友的朋友的朋友。"

"那很好，很好。"阿凡提把客人让进屋里，给他们端（duān）来一碗水。

"这是啥？"客人问。

"这个呀！"阿凡提说，"就是我那位朋友送来的兔子的汤的汤的汤。"

---

1 汤茶（tāng chá）：兔肉汤和茶水。

写作练习

请续写下面这个故事。

不当阎王

人死之后，见了阎王，阎王便让他们去投胎（tóu tāi）。有一个人几次投胎都是个有钱人。这次他在阎王面前讨价还价："我做了几次人都没啥大好处。要是这次还是那样，我不高兴去啦。"

阎王说："这次给你大大的好处就是让你富贵双全，好不好？"

他说："好是好，可我还有话要说。"

"你还有什么话呀？"

"没有别的，我只要：百万亩（mǔ）田连山坡，父做宰相（zǎi xiàng）子登科，妻比貂蝉（diāo chán）还要美，寿比彭祖还要多。天老地老我不老，大吉大利大快活。"

阎王听了大笑："＿＿＿＿＿＿＿＿＿＿＿＿＿＿＿＿＿＿＿＿"

　　土地公公是管理一个地方的小神,中国农村许多地方都有土地庙(miào)。相信土地神的人,有事总会求他帮忙,事后总会送上礼物表示感谢。可是,如果这个地方的人特别穷,没有礼物可以送,会怎么样呢?

第四课 土地公公办傻事

有一个地方,北边一座山,南边一座山。南山住着个土地公公,北山也住着个土地公公。他们住得偏僻[1],没有人来给他们送东西吃,饿得面黄肌瘦[2],十分可怜。

一天,山脚下的村童牵(qiān)着牛经过南山土地庙。南山土地见了,计上心来,不慌不忙,伸(shēn)手在村童身上摸(mō)了几下。

村童回到家里,浑身发热,生起病来,病得十分厉害。全家人又担心又害怕,忽然听见村童说:

"我是南山的神仙(shén xiān),我来替你们治病。你们去南山土地庙前,削(xiāo)一片樟(zhāng)树木头,回来煮(zhǔ)了吃,病就好了。"

家里人一听,都知道是土地公公。村童爸爸依照土地公公的话,去南山拿了樟树木,煮给儿子吃。病马上好了。

第二天,村童的家人带着猪、狗、牛、羊、鸡之类的美味,送去给南山土地。

---

1 偏僻(piān pì):人少,车少,不方便。
2 面黄肌瘦(miàn huáng jī shòu):脸色黄,身体瘦,看上去有病、不健康的样子。

南山土地看见这么多好吃的,乐得手舞足蹈[1],请北山土地来吃。北山土地看见一桌子丰盛的美味,直吞口水。

"哥哥!你真有福气!哪儿来这么多好吃的?"

南山土地把他的办法告诉北山土地。北山土地一句句记在心里,准备回去也试一试。

恰巧那天有个牧(mù)童从北山庙前经过。北山土地去那牧童身上摸了一下,牧童回家就病倒了。北山土地照南山土地的法子,借牧童的口说话。

"我是北山的神仙,我来替你们治病。你们去北山土地庙前,削一片樟树木头,回来煮了吃,病就好了。"

牧童的爸爸赶紧[2]跑到北山上。东找也没有樟树,西找也没有樟树。山前、山后、庙里、庙外都没有。

爸爸发愁[3]了,忽然一想:这土地公公不是樟木做的吗?我削一片回去煮了。削哪里呢?总不能削脸吧?手也削不得。想来想去,只有削屁股。土地穿着宽大的衣服,屁股丢了没人会知道的。于是,牧童的爸爸小心地扯(chě)开土地公公的衣服,在他屁股上挖了个洞。

牧童吃了土地的樟木屁股,病一下子都好了。可是这一家和村童家不一样,他们穷啊,连自己吃的都没有,哪里还有多余的来酬谢[4]土地呢?

这样的一个人家,北山土地也没法子可想。哎!什么都没吃着,反而

---

1 手舞足蹈(shǒu wǔ zú dǎo):跳舞的样子,形容高兴到了极点。
2 赶紧(gǎn jǐn):马上。赶紧+动词,不浪费时间,不休息,马上做。
3 发愁(fā chóu):因为没有办法而担心。
4 酬谢(chóu xiè):用金钱礼物、请客吃饭等表示感谢。

吃了挖屁股的亏。

"都怪南山土地,教给我这么个馊主意[1]!"

北山土地越想越气,于是走到南山庙找南山土地抱怨[2]。

南山土地老远看见他倒霉[3]的样子,很是诧异。

"弟弟,你怎么变成这个样子?"

北山土地便说给南山土地听。哪知南山土地听了,一点儿都不同情,反而大笑起来。

"哈哈!你要吃的,也应该看看是哪样的人家。这点都注意不到,难道连自己庙前有没有樟树,也不知道?蠢(chǔn)成这样,还埋怨[4]谁来!"

表演与讨论

一、表演

1. 请同学分成两组,第一组表演一下《土地公公办傻事》这个故事。

---

1 馊(sōu)主意:坏主意,不好的主意。
2 抱怨(bào yuàn):表示对某件事、某个人不满意。
3 倒霉(dǎo méi):不幸运,遇到不好的事情人们总是会说:"倒霉。"
4 埋怨(mán yuàn):抱怨。

请注意：1）故事里有几个人？2）表演的时候需要几个人？3）故事里没有讲，但是你觉得可以增加什么人？增加什么情节？

2. 学别人的样，结果闹了笑话。你还知道别的这样的故事吗？请讨论一下，表演出来。

请注意：如果想不起来，可以看看扩展阅读里的故事，挑一个来表演。

二、讨论

1. 北山土地想解决没饭吃的问题，你认为他的办法怎么样？你还有别的办法吗？

2. 如果你到一个偏僻的地方去，你能想出致富的办法吗？

3. 如果你是南山土地，你听了北山土地的抱怨，会怎么说？

 **故事中有笑**

看得见才可笑

愚蠢（yú chǔn）、吝啬（lìn sè）和贪婪（tān lán）很可笑，可有时候我们看见了，却觉得很正常。要等有人把它们讲出来，让我们看得见，才会笑。

　　肥头大耳的猪八戒可笑，因为肥胖的身体就画出了他的好吃和懒做。北山土地如果不是被挖去樟木屁股，他的愚蠢就不会那么可笑。

　　看得见的，除了身体，还有动作。

　　中国民间有个"吃鱼升天"的故事，就是用看得见的动作来让人笑：

　　老爷买了一条大鱼，叫厨师去煮来吃。鱼的香味太诱人[1]了，厨师忍不住一口一口把鱼背上的肉都吃光了，两手一伸（shēn），飞到天上去了。老爷等不到鱼吃，派一个仆人去厨房看看。这个仆人闻到鱼香味，又看到鱼已经被吃成那样子，就把剩下的都吃了。然后，手一伸，也飞到空中去了。最后老爷气哼哼（hēng）地自己下厨房去看，锅里就只剩下鱼汤了。厨师和仆人在天上向他招手，让他赶紧喝鱼汤。他喝了鱼汤，也伸着两只手想往天上飞，可就是飞不起来。

　　厨师和仆人吃了鱼成了仙，而有钱的主人因为自己不动手，自家有好东西也吃不到。他伸着手，飞不起来的样子，你说好笑不好笑呢？

1　诱（yòu）人：吸引人。

扩展阅读

1. 卖日历小贩[1]（xiǎo fàn）的妻子

有一个油贩的妻子，很会过日子。每天把丈夫卖的油，偷偷留一些装在罐（guàn）子里。到了过年的时候，丈夫没有赚到钱，在家里喊没钱，妻子把油罐拿出来，放在他面前说：

"这是我存的油，你拿去卖钱吧。"

他得了这些意外的油，拿去卖钱，美美地过了个年。心里感激他的妻子，不断地把这事告诉身边的朋友。

有一个卖日历的小贩，他听了油贩的话，就把这事告诉自己的妻子。他妻子记在心里，经常趁他不注意，拿了好多日历藏起来。

要过年了，买日历的小贩在家里喊穷。妻子就把日历拿出来，放在丈夫面前，这样说：

"这是我存的日历，你拿去卖钱吧。"

2. 学聪明

傻呆子（dāi zi）结婚以后第一次去丈人家，他媳妇怕他不会说话，叫

---

[1] 小贩（fàn）：小商人，做小生意的人。

第四课 土地公公办傻事

他到外面去学些聪明话,或者学些好听话。

他来到林子里,听到一群鸟在唱歌,忽然一只老鹰(lǎo yīng)飞了来,林子立即(lì jí)安静下来。一个读书人走过这里,说:"老鹰来了,雅雀无声[1]。它们不知道彼此[2]是同类吗?"

呆子听了记在心里。

呆子来到池塘(chí táng)边,站着看许多鱼游来游去。一个人走过来说:"一池好鱼,可惜无网。"

这几句话又被呆子听见,记在心里。

过桥的时候,听见一个人在后面说:"独木桥难过啊!"他也学了来。

接着看见两个人一前一后担着两坛(tán)酒,其中一个对另一个说:"为什么不把口子用塞(sāi)子塞住,叫香气都散了!"呆子听了又记在心里。

呆子来到丈人家,恰好大家正在屋里(wū lǐ)说话,看见呆子来了,就静下来看着他。他就背出学来的第一句话:

"老鹰来了,雅雀无声。它们不知道彼此是同类吗?"

大家都很吃惊,呆子怎么一下变聪明了?小姨子给他端(duān)来一碗肉汤,故意没有拿筷子,看他怎么说。他又背了两句:

"一池好鱼,可惜无网。"

小姨子更吃惊了。他怎么这么聪明了呢?于是把筷子送来,但只拿了一只,呆子又念到:

---

1 鸦雀无声(yā què wú shēng):各种鸟都没有了声音,形容十分安静。
2 彼此(bǐ cǐ):你我,双方。

"独木桥难过啊！"

小姨子一听不敢再开玩笑，赶紧又送了一只筷子来。由于走得太快，忍不住放了一个屁。呆子立即说：

"为什么不把口子用塞子塞住，叫香气都散了！"

3. 喷嚏（pēn tì）

甲乙两人一起出门。路上，乙不时地打喷嚏。甲问他："你怎么老打喷嚏呀？"

乙开玩笑说："我老婆在家想我了。她念我一回，我就打个喷嚏。没办法，我俩太要好了。"

甲在心里想："我怎么一个喷嚏都不打呢？我老婆怎么都不想我呢？你只想我一回就好呀。"

天黑回家，甲讲给老婆听："我那个朋友，他们两口子要好啊。他出门，老婆就在屋里念他，他在路上去去来来都在打喷嚏呢。我呢，一个喷嚏都没打。你怎么不念我一声？"

他老婆说："非要打喷嚏才说是要好吗？那好，从明天起，我在屋里好好念你。"

等甲睡了以后，女人拿起他的衣服，在衣领、衣袖上抹了许多辣椒（là jiāo）粉。第二天早晨，甲出门去，风一吹，领口上的辣味直冲鼻子，"阿——嚏！"打了个大喷嚏。"你听，"甲笑嘻嘻（xī xī）地对乙说，"我老婆也在念我哩！"他得意地用手擦鼻子，又打起了喷嚏，越打越要擦，越擦越打。一天下来,鼻子也红了,脖子也疼了,手也累坏了。

天黑回到家,他对老婆说:"今天难为你了哦。可我算明白了:两口子再要好,也不能一天念到黑呀!"

他老婆问:"那你看,还念不念呢?"

"算了,算了!我再出门,你一声不念,我也不说啦。"

 写作练习

请续写下面这个故事。

岂(qǐ)有此理

甲到乙的家里找乙,恰巧乙没在家。乙妻走出来问:"先生贵姓?"甲答:"张。"乙妻又问:"弓长张呢还是立早章?"他答:"弓长张。"

甲回家把这事告诉他的妻子,并且十分称赞乙妻。甲妻听了不服气地说:"这话谁不会说?"

不久,乙来找甲,甲恰巧没在家。甲妻也学乙妻走出来问:"先生贵姓?"乙答:"李。"甲妻又问:"弓长李呢还是立早李?"乙呆了半天说:"_____。"

傻女婿故事是中国的特产。中国人特别重视过节、祝寿[1]、婚礼、葬（zàng）礼，可是，傻女婿笨手笨脚，不会说话，不会做事……他会闹（nào）出什么笑话呢？

1　祝寿（zhù shòu）：向老人祝贺生日。

第五课
傻女婿[1]

有个姑娘(gū niang)嫁[2]给了一个傻(shǎ)小伙。一年后,生了一个胖小子。

妻子看家里没有吃的,就叫丈夫去妈妈家拿点鸡蛋和小米。丈母娘[3]把东西交给女婿,嘱咐[4]说:"好好照顾你妻子,东西拿回去,响水下小米,滚水放鸡蛋。"

傻丈夫背着鸡蛋小米往家走,走到一条河边,河水哗啦响,滚滚流。他想起丈母娘的话,把小米和鸡蛋都倒进了河里。米和蛋都没了,高高兴兴回家去。

妻子问:"东西呢?"

傻丈夫说:"倒河里啦!"

妻子问:"怎么倒河里啦?"

傻丈夫说:"你妈告诉我,响水下米,滚水放蛋!"

---

1 傻女婿(shǎ nǚ xù):女儿的丈夫是女婿。傻女婿就是笨女婿。
2 嫁(jià):女的结婚,称"嫁"。
3 丈母娘(zhàng mǔ niáng):妻子的妈妈。
4 嘱咐(zhǔ fù):一遍又一遍地告诉。

妻子听了生气地说："去找回来！"

傻丈夫赶紧跑去找。遇到一家人家结婚，抬轿（jiào）的，吹喇叭（lǎ ba）的，送礼的，红红绿绿好一条长长的队伍。傻丈夫见里面有个人提着一篮子鸡蛋，上去就抢（qiǎng），一边说："还我鸡蛋，还我鸡蛋。"大家见他蛮不讲理[1]，打了他一顿。

傻丈夫回家告诉妻子，妻子说："人家办喜事，你应该说几句好话，比如说：红红绿绿多么好看。"

傻丈夫听了走出去。遇到别人家着火（zháo huǒ）了，不少人跑来跑去忙着救火。他上去指着说："红红绿绿多么好看。"着火的人家听见他幸灾乐祸[2]，又打了他几下。

傻丈夫回家告诉妻子，妻子说："看人家着火，你应该帮忙灭火（miè huǒ）。不帮忙反而[3]喊好看，人家能不打你吗？"

傻丈夫听了出门去。经过一家铁匠（tiě jiàng）店，铁匠刚把火烧（shāo）起来准备打铁。他看见了，端（duān）来一盆水，把火灭了。铁匠拿起铁铲（chǎn）啪啪啪又是打。

傻丈夫告诉妻子，妻子说："看人家打铁，你要说：打得好，打得好。"

傻丈夫听了出门去。遇到两个人打架。他站在旁边拍手说："打得好，

---

1 蛮不讲理（mán bù jiǎng lǐ）：不讲道理。
2 幸灾乐祸（xìng zāi lè huò）：别人倒霉的时候，表示高兴。
3 反而（fǎn ér）：连词，连接两个句子，表示后面的句子和前面的句子意思相反，或者表示没想到。

打得好!"两个人听见了,就一起来打他,又是好一顿胖揍¹。

傻丈夫回家告诉妻子,妻子说:"看见别人打架,你应该想办法叫他们别打了。"

傻丈夫听了出门。遇见两头牛打架。他上去拉拉不开,就来了傻劲,把牛尾巴拽(zhuài)了下来。养牛的跑出来,给了他两嘴巴。

傻丈夫拿根牛尾巴回家,一进门,媳妇问:"哪儿来的?"

"牛屁股上摘(zhāi)下来的。"

"去,还给主人家!"

傻子拿着牛尾巴走出门,看见一个人走过来。他被打怕了,大喊:"别打,别打,尾巴你拿去好了。"等那人走近,才知道是老丈人²给他家送小米鸡蛋来了。

 ## 表演与讨论

一、演故事

请同学们表演一下这个故事的几个场景:

---

1 胖揍(pàng zòu):揍,打。胖揍,用力打。
2 老丈人:妻子的父亲。又称丈人、岳父。

1. 蛋和米漂走了
2. 闹婚礼
3. 着火了
4. 打铁
5. 劝架

二、讨论

1. 你觉得傻女婿是个什么样的人？你喜欢这种人吗？
2. 你觉得傻女婿的媳妇是个什么样的人？你觉得她需要同情吗？
3. 在你们国家，婚礼上可以哭吗？葬礼上可以笑吗？为什么？
4. 在你们国家，有没有人在婚礼上哭过，或者在葬礼上笑过，或者在不合适的场合说不合适的话？说说看。

 **故事中有笑**

笑傻子的时候，能学到什么

傻女婿的傻事几天几夜也讲不完。

第五课　傻女婿

　　他做什么事都不合适，连送个礼物都要闹笑话。媳妇让他把礼物送给丈母娘，遇到张三去给张三丈母娘送礼，他听张三说是"给丈母娘送礼"，就把礼物给了张三。可张三的丈母娘，又不是他的丈母娘。还有一次，他带着鸭子、鸭蛋去送礼，过河的时候，居然（jū rán）放鸭子去水里洗澡。见鸭子不回来，他又扔鸭蛋下去，以为这样可以叫回鸭子来。小孩子有时候或许会做出这些傻事，所以傻女婿有些孩子气，也有些可爱。

　　傻女婿往往是小女儿的丈夫。姐姐的丈夫不是做官就是读书，家里也比他有钱，别人瞧不起他，但他常常把他们比下去。比如说，和丈人一起散步，丈人问：桃子为什么这么红？做官的和读书的女婿都说：因为有太阳照。傻女婿却说：萝卜（luó bo）没有太阳照，为什么比桃子还红呢？所以，傻女婿有时候傻，有时候也很是聪明。

　　还不仅仅是聪明。傻女婿的故事总是发生在生日、葬礼或者节日的时候。别人笑的时候，他哭；别人哭的时候，他却做一些可笑的事情。在葬礼上笑，在婚礼上哭，当然不合适。但傻女婿也有他的道理。葬礼是容易让人伤心的，但是太伤心也会伤身体。生日、节日和婚礼是让人开心的，但是也有些事情会让人烦。说故事的人把傻女婿在葬礼上做的傻事变成故事，听的人会笑，就不会那么伤心伤身体。说故事的人把傻女婿在生日、节日和婚礼上做的傻事变成故事，听的人也会笑，会感到：有些事让人烦，可是把它变成故事，就不那么烦了。

扩展阅读

1. 偷走了好话

傻女婿嘴笨,要去给岳父祝寿,不知道怎么说。他妻子教了他一句好话:"福如东海,寿比南山。"他怕记不住,一路走一路念。夫岳父家要过一座独木桥,他一心慌(huāng)把好话给忘了。

他想,话是在过桥的时候忘的,就去桥上找。没找着,又想,说不定掉水里了。下水去摸,摸了老半天。

他的一个亲戚也去拜寿,看到他在河里摸来摸去,问他:"你在河里干什么?"

傻女婿说:"唉!我有一个东西,掉在河里了。你也真不够意思,不来帮我找,还来找我说话!"

那人听了又问:"你找的什么东西呢?"

傻子很生气地说:"如果我知道还要你来帮我找吗?"

那人说:"你是不是要去你岳父家拜寿,如果是,时候不早了,我们一起去吧。"

傻女婿没办法,只好与亲戚一起走。到了岳父家,他正不知该说什么,他的亲戚先开口了:"祝您老人家寿比南山、福如东海!"他一听,拉着那位亲戚大喊大叫起来:"我说我在河里找了半天没找着,原来这好话叫你给偷走了。"

2. 有牛腿就拿一只来

有一对夫妻,丈夫非常蠢,妻子却十分聪明。有一次他岳父家的一只老牛死了,他妻子叫他去看看。临走的时候嘱咐他:"你看到死牛,就说:'牛啊,牛啊,你有福不会享,真是可怜!'"

丈夫把这句话记在心上,跑到岳父家里,他岳父就带他去看那只死了的老牛。

看了一会儿,他突然记起妻子教的话来了,把眉头一皱叹(tàn)了口气说:"牛啊,牛啊,你有福不会享,真是可怜!"他岳父听了,觉得女婿很会说话。他回去的时候,让他把一只牛腿带回家去吃。

过了几个月,他的岳父突然生病死了。他妻子一听到这个消息就哭着回去了,也忘了教他这时候要怎么说话。

妻子先回家,呆子跟着也到了。他一进门,就听见里面的哭声。他心里倒有点奇怪。他想,人死了为什么要哭呢?后来他跑到他岳父的房间里去,只见他岳父闭着眼睛,躺在那里,旁边围着许多男女亲戚。他妻子也在那里。

呆子又想起妻子教的话来,便说:"牛啊,牛啊,你有福不会享,真是可怜!"他妻子赶紧把眉毛竖(shù)了起来,他见了更大声地说:"你不要竖眉毛,有牛腿就拿一只来,我好先带回去!"

3. 中秋作诗

从前，有一家人，家里有三个姑娘（gū niang）。大姑娘嫁给了当官的，二姑娘嫁给了读书的，三姑娘嫁给了一个呆子。

这年中秋节，一家人坐在一起吃饭。老丈人看着天上的圆月，开口说："今天我出一个题目，女婿们来说一说看。"大家点头说好。

于是，老丈人说道："你们说四个句子，每个句子最后三个字分别是'圆又圆''少半边''乱糟糟[1]''静悄悄'。"

当官的大女婿听了第一个说："十五的月亮圆又圆，过了几天少半边。星星出来乱糟糟，乌云一遮（zhē）静悄悄。"

读书的二女婿接着说："香香的月饼圆又圆，咬（yǎo）掉一口少半边。老鼠出来乱糟糟，老猫一来静悄悄。"

三女婿想了半天想不出，最后说："丈人丈母圆又圆，死掉一个少半边。吵起架来乱糟糟[1]，全都死掉静悄悄。"

全家人顿时目瞪口呆……

---

[1] 乱糟糟（luàn zāo zāo）：很乱的样子。

写作练习

请续写下面这个故事。

祝寿

　　傻女婿去丈人家祝寿，妻子对他说："今天我爸爸大寿，在他面前说话都要带个'寿'字。"

　　傻女婿来到丈人家，家里的小孩给他端（duān）来一碗寿面。他正准备吃，一只鸟飞来跟他抢。傻女婿拿起棍（gùn）子去打鸟，鸟飞到屋顶上，一片瓦落下来，砸（zá）了他的头。

　　老丈人问他怎么回事，他开口说道："寿孩给我寿面吃，寿鸟来抢，我一个寿棍打下去，寿鸟飞上寿屋，_____。"

谁不想娶¹美丽能干的姑娘（gū niang）当妻子呢？可是，一个人，又穷²，又没有兄弟姐妹，会有人愿意嫁给他吗？他会怎么样呢？

---

1 娶（qǔ）：男的和女的结婚，可以用"娶"这个动词。比如，一个男的和一个女的结婚了，可以说：他娶了她。
2 穷（qióng）：没有钱，钱很少。

第六课
田螺姑娘

从前,有个小伙子,名叫阿牛。阿牛没有父母兄妹,一个人住在山里。到了结婚的年龄,因为家里穷,住得偏僻,没有人愿意嫁给他。

一天,阿牛在小溪(xiǎo xī)边捡(jiǎn)到一只大田螺。他从来没见过这么大的田螺,便拿回家养在水缸(gāng)中。

第二天阿牛醒来,坐在床上想:冬瓜烧(shāo)肉,味道不错。走到饭桌前,真怪,那里不就放着一碗冬瓜烧肉吗?

他美美地吃了一顿。

中午干完活回家,他又想:"红烧鸡腿,也很美味。"

回家一看,桌上放着的可不就是红烧鸡腿么?他又饱餐了一顿。

到了夜晚,还是这样,他想吃什么,回家就有。到底谁在帮他做饭呢?

第二天,他躲(duǒ)在窗户外面看,看见水缸里跳出一位美丽的姑娘,走到厨房里,替他烧起菜来。

阿牛走到水缸旁边往里一看,只剩下一个空的田螺壳(ké)。他走到姑娘跟前,拦[1]住她,问:

---

1 拦(lán):不让走,不让通过。

"你是谁?"

姑娘说:"我是田螺姑娘,因为没有人照顾你,我特地[1]来给你做饭。"

阿牛喜出望外[2],和田螺姑娘成了亲。

可是有一个人不高兴了。

这个人就是县(xiàn)太爷,他听说一个穷小伙子,居然[3]娶了位仙女当妻子,就打起了坏主意。

一天,他把阿牛叫来。

"我听说有种东西叫祸斗,你去给我找来。"

阿牛想,县太爷要的东西必须找到,可祸斗是什么?上哪儿去找呢?就没听说世界上有这样的东西!越想越着急,回到家中,妻子见他一脸倒霉的样子,问出是要这么个东西,说:

"这个我家有,我去拿来。"

田螺姑娘去了一会儿,带回来一只毛茸茸(róng róng)的东西。

"这不是狗吗?"阿牛纳闷[4]了。

妻子说:"你别小看它,它口能吞(tūn)火,屁股能喷(pēn)火。"

阿牛把它带去给县太爷。

县太爷一看大发雷霆[5]:"我要祸斗,你带条狗来做什么?"

阿牛说:"它不是一般的狗,能吞火,还能喷火。"

---

1 特地(tè dì):特地做某事,意思是特别为了某人某事而做。
2 喜出望外(xǐ chū wàng wài):感到特别高兴,因为遇到没有想到的好事。
3 居然(jū rán):竟然,表示没想到。
4 纳闷(nà mèn):奇怪、不理解。
5 大发雷霆(dà fā léi tíng):霆,很大的雷声。形容非常生气,气得大声喊叫。

县太爷让祸斗吃火,祸斗一口吞下去,摇摇尾巴,喷出火来。

县太爷一拍桌子。"我要这个做什么!快来人,把火灭(miè)了!"

一个人拿了一块布来灭火,布点着了;一个人拿了一把扫帚(sào zhou)来灭火,扫帚点着了;第三个人拿了一盆水来灭火,连水也点着了。不管是什么,遇到祸斗就变成了火。这火烧起来呼呼啦啦,大风似的[1]追着县太爷到处跑。

县太爷跑出这个县,再也没有回来过。

从此,阿牛和田螺姑娘过上了幸福的生活。

表演与讨论

一、演故事

请分成两个小组,表演一下这个故事。

请注意:1. 故事里有几个人? 2. 表演的时候需要几个人? 3. 可以适当改变故事。比如,可以想一下:小伙子和田螺姑娘结婚了,可是有一个人不高兴。这个人是谁?他/她为什么不高兴?再把它表演出来。

---

1 似的(shì de):像……一样。

二、讨论

1. 小伙子为什么能娶到田螺姑娘？
2. 你心目中理想的妻子是什么样的？
3. 你认为穷人能娶到能干漂亮的妻子吗？
4. 伊朗导演阿巴斯的影片《橄榄树下的情人》讲一个不识字的穷小伙子追求一位美丽爱读书的姑娘。小伙子说：穷人应该和富人结婚，没有文化的人应该和有文化的人结婚，这样社会才能平衡。你怎么看？
5. 你认为理想的婚姻关系是怎么样的？

故事中有风俗

清水养田螺

田螺姑娘是水田的女儿，清澈[1]（chè）的水里才有田螺。农民们懂得这个道理，小心地保护着他们生活的水土。在他们心中，这里面有美丽的姑娘呢！这里面有他们的幸福呢！

---

1 清澈（qīng chè）：干净，透亮。比如，清澈的水，清澈的眼睛。

第六课　田螺姑娘

过去的人虽然不懂环保，但相信万物有灵，能与大自然友好相处。

他们看山，能看到山神。山神管着山里的草木鸟兽，谁敢乱来是要倒霉的。砍（kǎn）树要留下树桩（zhuāng），挖红薯（shǔ）要留下薯藤（téng）。狩猎（shòu liè）不能贪多，抬着猎物回家，要对山神说"请野兽去做客"。

对山林，他们不敢过度索取[1]，因为他们怀着敬畏山神的心。

他们看树，能看到树神。村里最老最大的树，管着一个村的风和水，是必须照料好的。古老的树都有灵，能够求吉祥（jí xiáng）保平安。有些地方，姑娘一出生，父母亲人就为她种上数十上百棵杉（shān）树，杉树护着伴着姑娘长大，到了十八岁出嫁的时候，就是一笔丰厚的嫁妆。有一句歌这么唱："十八杉，十八杉，姑娘生下就栽（zāi）它，姑娘长到十八岁，跟随姑娘到婆家。"

对树木，人们不肯乱砍乱伐（fá），因为他们相信：人爱护树，树也赐（cì）福给人。

他们看田螺、看燕子、看风、看水，也都是神灵——不是美丽的姑娘，就是威严[2]的神仙。

他们幻想出神灵，自己的生活和心灵也得到了看护。

1　索（suǒ）取：要求得到。
2　威严（wēi yán）：使人尊重、听话的样子。比如，威严的父亲，威严的校长。

扩展阅读

牛郎织女

从前有个小伙子,没爹没妈,家里只有一头老牛。他和老牛一起生活了许多年,大家都叫他牛郎。

小伙子长大了,可还是娶不上媳妇[1]。一天,老牛突然对他说:"主人,今天傍晚有七位仙女来河里洗澡,你藏(cáng)起一件宝衣,就有一位仙女嫁给你了。"

太阳下山了,牛郎来到河边,果然看见岸(àn)上七件宝衣。他捡起一件,藏了起来。仙女们洗完澡,都穿上宝衣飞去了。只有一位叫织女的仙女找不到衣服,在那里着急。她一看见牛郎,知道是他偷走了宝衣。可是说了许多好话,也要不回来。牛郎把自己的衣服给她穿,她只好跟牛郎回家,当了他的媳妇。

不久,老牛生病了。临死前,它嘱咐牛郎:"我死后,用我的皮包沙子,再解下我鼻子上的绳子(shéng zi),把包捆(kǔn)起来,每天背在肩膀上。遇到困难时,它们就能帮你了。"说完它趴(pā)在草地上静静

---

[1] 媳妇(xí fù):妻子。

第六课　田螺姑娘

地死去。牛郎大哭一场，按照老牛的话做了。

过了三年，织女生了一个女儿和一个儿子。这三年里，她常常追问宝衣藏在什么地方，牛郎总是不说。一天，她又问："我的宝衣你藏在什么地方呢？快告诉我吧！我跟你已经有了儿女，还舍得走吗？"牛郎觉得有道理，便答道："放在门边大石头下面。"织女听了这话，找到宝衣，穿起来，飞到天上去了。

牛郎眼看媳妇就要飞走了，拉起儿子和女儿就追。可他们不会飞，怎么追呢？牛郎急得转圈，牛皮包在他背后拍打起来，父子三人也飞起来了。

织女看看就要被他们追上了，拔（bá）下头上的金钗（chāi），向后面一划，划出一条大河。牛郎的牛皮包里，忽然洒（sǎ）出许多的黄沙，变成一条沙桥。他们从沙桥上跑过去继续追。织女再次拔下金钗，向后一划，又是一条大河。牛郎牛皮包里没有了黄沙，就解下捆包的绳子，向河东一扔，正好套住织女的脖子。

这时候，一位老神仙飞过来说："你们听我说句话：织女，你不愿意回去，可以住在河东。牛郎，你就住河西。每年七月七日夜晚，牛郎可以到河东与织女见面。行不行呢？"

牛郎织女同意了。从此以后，每年农历七月七日，天下所有的喜鹊（què）都飞到天河上，搭（dā）起一座鹊桥。牛郎带着孩子，走过鹊桥，与织女见面。

（还有的故事说，地上的牛郎和天上的织女相爱，可是织女的妈妈把

59

织女带了回去，只允许他们一年见一次面。因为他们见面的日子是农历七月初七，后来，这一天就成为中国的情人节。这个说法，中国人更为熟悉。）

写作练习

请续写下面这个故事。

枕头姑娘

有个穷小伙子，没有别的亲人，就一个舅舅。舅舅对他可好啦，没有吃的给他送吃的，没有穿的给他送穿的，生病了带他去看病。可是，村里有些坏人，总找他赌钱[1]。他输了钱，天天被催着还钱。最后实在没办法，只好找舅舅借。又不敢说赌钱输了，骗舅舅说是"要娶媳妇"。

舅舅把钱给他了。可是人家说，还要还利息。他只得再次撒谎[2]，"娶

---

1 赌（dǔ）钱：指以金钱为输赢的赌博。
2 撒谎（sā huǎng）：说假话。

第六课　田螺姑娘

了媳妇没钱过日子"。舅舅关心外甥[1]，不但给了钱，还说过几天去他家里看媳妇。

（舅舅来看媳妇了，怎么办呢？故事会怎么发展呢？请根据题目《枕头姑娘》续写这个故事。）

1　外甥（sheng）：姐姐、妹妹的儿子称为外甥。

很久很久以前,某个国家有一条法律:老人到了60岁,就要被送到山上去饿死。故事的主人公不想让老爸爸死掉,他会怎么办呢?

第七课
弃老国

很久很久以前,有一个弃老国。也不知是哪一年,一位国王,定下了一条法律:无论是谁,一旦¹活到六十岁,就必须送到山上去饿死。

有一位大臣,他的父亲将满六十。可老人家耳不聋(lóng)、眼不花、背不驼(tuó)、腿不瘸(qué),牙口好得能吃炒(chǎo)豆,看看那身板至少还能活二三十年。大臣不忍心²把老爸爸送到山上去,于是在房下挖(wā)了个地窖(jiào),把爸爸藏(cáng)在地窖里。

不久,邻国的国王想侵略³这个国家,他打算先试探⁴一下这里还有没有能人。于是派使者(shǐ zhě)送去一只大老鼠。

使者对弃老国的国王说:"这老鼠叫犀(xī)鼠。如果你们找不出一只能打败它的动物,每年都要给我们送金银和宝贝。"

犀鼠真是厉害,连最强壮的老虎也被它斗得没了脾气。国王拍着桌

---

1 一旦(yī dàn):有一天,忽然有一天。"一旦……就……",如果有一天……就……。
2 忍心(rěn xīn):没有同情心,什么都可以做。
3 侵略(qīn lüè):一个国家的军队到另一个国家,杀死人民,把他们的土地、钱财变成自己的。
4 试探(shì tàn):试着探索,试着弄明白。

子说：

"你们这些大臣，真没用！再想不出办法来，你们就自己去打犀鼠！"

大臣回到家中，到地窖里给老爸爸送饭。老爸爸看他心里有事，就问："儿子，你遇到什么麻烦了？"

大臣把犀鼠的事情讲给老爸爸听。

老爸爸听完后笑了。

"再厉害的老鼠也怕猫。你找一只老猫试试看。"

第二天，大臣把老猫藏在篮子里去见国王。

"我有办法对付¹犀鼠。"

犀鼠感觉到猫来了，害怕起来，不会动了。老猫看到犀鼠，冲出来，把它吓死了。

邻国的国王又叫使者拿了一根木棍（gùn）去试探。

使者说："你们看这根木棍，上下一样粗细，谁能告诉我哪头是根（gēn），哪头是梢（shāo）？"

国王派出所有的信使，到处打听问题的答案。所有的人都在为这个问题苦恼，所有的人都想不出办法来。

大臣愁眉不展²地回到家中，对老爸爸说了这个难题。

老爸爸又笑了。

"儿子啊，这还不好办？你把那木棍放到水里，沉（chén）的那头就

---

1 对付（duì fù）：想办法把困难和事情解决。
2 愁眉不展（chóu méi bù zhǎn）：因为心里有事，不高兴的样子。

是根，浮（fú）的那头就是梢。根总是比梢要重一些。"

问题刚解决，邻国的国王就叫使者牵（qiān）去两匹（pǐ）马，同样大小，同样毛色，连叫的声音也一个样。

使者说："这两匹马，一母一子。请你们再分一分。分出来了，我们佩服你们国中有人，以后决不再来找麻烦。"

国王派信使出发去寻找答案，信使垂头丧气[1]地回来，表示无人能够解答。

大臣回家给老爸爸说了这事，老爸爸指点[2]他道：

"搬一些草放在两匹马前面。母马爱小马，一定会让小马先吃。"

这个办法果然奏效[3]，立即[4]分出了母马和小马。邻国的国王知道他们国家有能人，不再提打仗的事情，还派人送来许多礼物。

使者走后，国王奖赏了大臣，问他哪儿来这么多主意。

大臣只好说："这都是老爸爸教给我的。我不忍心饿死老爸爸，把他藏在房子下面的地窖里。除了老爸爸，哪有人能帮助我啊！"

国王想了想，说："还是老人见识多、有办法啊。"

于是，国王废除[5]了弃老的法律。

老爸爸活了下来，成为这个国家最长寿最智慧（zhì huì）的老人。

---

1 垂头丧气（chuí tóu sàng qì）：因为失败或者不顺利，低着头，心情不好的样子。
2 指点（zhǐ diǎn）：告诉，说出来，指出来，让别人知道。
3 奏效（zòu xiào）：有用。
4 立即（lì jí）：马上。
5 废除（fèi chú）：取消。

表演与讨论

一、表演

请分成两个小组表演一下这个故事。

请注意：1. 故事里有几个人？ 2. 表演的时候需要几个人？ 3. 故事里没有讲，但是你觉得可以增加什么人？增加什么情节？

二、讨论

1. "老人"这个词，会让你想起哪些词？哪些事？
2. 你认为，老人对现在的社会和家庭来说是负担吗？为什么？
3. 父母老了，你认为孩子应该怎样对待他们？
4. 在你的国家，一般老人怎么度过晚年？
5. 当你老了，你打算怎么度过晚年？

第七课　弃老国

故事中有风俗

家有老，千般好

俗话说："家有老，是个宝""家有老，千般好"。

中国人敬老爱老有着悠（yōu）久的历史，但敬老并不是一开始就有的。

一开始，人类靠狩猎（shòu liè）和采集（cǎi jí）养活自己，常常吃不饱穿不暖，年老体弱的老人家，不但需要照顾，又要分走食物。所以，在当时恶劣[1]的生存环境下，把老人杀死或弃于山上，算是所有灾难中最小的灾难了。甚至老人们自己也坚持这么做。这和现在是很不一样的。到了农业社会，人类种田养鸡，有了多余的食物，养得起老去的亲人了，弃老就变得既不合情也不合理了。

从狩猎到务农，情况发生了变化，于是就有了《弃老国》这样的故事。

这个故事，不仅中国有，日本、印度、西班牙、意大利等国家也都有。故事分为两种：

1　恶劣（è liè）：非常不好。

一是"老有所用"。讲一个地方有弃老的风俗，而有个人却把自己的爸爸藏了起来，后来国家遇到了危险，老人解答了难题，国王感到老人有用，于是废除弃老，改为敬老。

二是"人都要老"。讲一地有弃老的习俗。国王的妈妈老了，国王对他的儿子说："你用筐（kuāng）把奶奶背到山上去吧。"回来时，儿子把筐带了回来。国王问："筐子带回来做什么？"儿子说："你将来老了，我好用这个背你啊。"国王点点头，明白了儿子的意思，叫儿子把奶奶接回来，并且废除了弃老的法律。

扩展阅读

丁兰刻木

从前有个女人，年轻时先后生下六个孩子，都没活下来。到了四十岁，好不容易又生下一个儿子，取名叫丁兰。

丁兰还很小，爸爸就去世了。丁兰的妈妈小心地照顾儿子，什么都听他的。他学会了骂人和打人，妈妈也舍不得说一句。丁兰长大了，养成了打妈妈的坏习惯。

丁兰出去干活，妈妈天天给他送饭。送早了，他就打，嘴里骂道：

"你个死老太太,谁让你这么早送饭来,我还没饿呢!"送晚了,他也打,一边打一边说:"你这个老糊涂(hú tu)虫,来得这么晚,想饿死我啊!"他妈妈看见他就怕,想起他就抹(mǒ)眼泪。

一天丁兰干活干累了,在一棵大树下躺着休息。树上有个乌鸦窝(wō),窝沿上露出一排小脑瓜。一只大乌鸦,嘴里叼(diāo)回一只虫子,一排小嘴喳喳(zhā zhā)叫着要吃的。大乌鸦把虫子嘴对嘴喂了一只,喂完又飞走了。不一会儿回来,又喂第二只。也不知飞了多少个来回,一排小脑瓜都喂完了,才飞进窝里,翅膀一张,把小乌鸦都抱在翅膀下。

又不知过了多少日子,小乌鸦长大了,大乌鸦变老了。一天,丁兰又在树下休息,见小乌鸦叼个虫子,飞回窝,把虫嘴对嘴喂给窝里的大乌鸦。丁兰先是见大乌鸦喂小乌鸦,心想,大乌鸦养活儿女真不容易。后来看见小乌鸦喂大乌鸦,心想,动物都知道感谢父母,我一个人还不如它们。

丁兰活了二十来年,终于明白了这个道理。这天,他妈妈又来送饭,大热的天,脸上冒着汗,走得挺费力气。他长这么大,头一回来了孝(xiào)心,忘了放下手里的赶牛鞭子,就去接妈妈。妈妈想这饭不是早就是晚,儿子又要打了,转身就往回跑。妈妈在前面跑,丁兰在后面追,眼看追上了,妈妈心想,总挨儿子打,活着也没意思,就死了吧。正好前面有棵大树,她一头撞在树上,死了。

丁兰见妈妈撞死了,好一顿哭。怎么哭也哭不活了,就把树砍(kǎn)了,按照妈妈的模样做成一个木头人,放在家里。以前妈妈活着没能对她好,现在妈妈死了,真是"子欲(yù)养而亲不待(dài)",丁兰心里好难过。没有法子,就把这木头人当妈妈一样照顾着。

 **写作练习**

请改写下面这个故事。

郭巨埋(mái)儿

郭巨家里很穷,郭巨的妈妈疼爱孙子,把东西都给孙子吃,自己常常吃不饱。郭巨很不安,他想:儿子没有了,可以再生;妈妈死了,却不能复活。为了照顾好妈妈,他和妻子决定把儿子埋了。没想到,挖坑的时候,挖到了一个箱(xiāng)子,箱子上写着:"这是郭巨的东西。因为他对妈妈很好,所以神仙要把这个送给他。除了郭巨,谁也不能拿。"打开一看,里面好多钱。郭巨有了钱,妈妈和孩子就都吃得饱了。

(你觉得这个故事有问题吗?请你按照自己的想法重新改写这个故事。)

　　许多中国人都做过成仙的梦。因为仙人永远不会死,想有什么就有什么,想做什么就可以做什么。但即使是在故事中,成仙也不容易。那什么样的人才能成仙呢?

第八课
何香成仙[1]

  何香成仙之后，叫何仙姑，是一位手持[2]莲花的女神仙。成仙之前，她叫何香，是个受苦受难的乡下小姑娘，聪明灵秀，善良勇敢。何香小时候，父母去世了，伯伯抢走了她的钱，把她卖给开豆腐坊[3]的人家做童养媳[4]。何香在婆婆家挑水洗衣，但从来见不到好脸色。只有河边的小草向她点头。何香在婆婆家扫地做饭，但从来听不到好声气。只有磨出的豆浆（dòu jiāng）对她低唱。

  这一天，婆婆不在家。豆腐坊外面来了七个道士，有的瘸[5]，有的懒，有的背长剑，有的拿拍板（pāi bǎn），一个个奇形怪状（qí xíng guài zhuàng），走上前来。何香招呼道："甜豆浆一毛钱一碗。"走在第一的瘸腿道士笑道："一毛钱没有，有一句话送给你：江水的风浪不一定凶险[6]，人

---

1 成仙（chéng xiān）：变成仙人。在中国人的故事里，仙是会飞，不会死的人。
2 持（chí）：拿。
3 坊（fāng）：店。
4 童养媳（tóng yǎng xí）：从小养在别人家，长大以后跟那一家人的儿子结婚，这种女孩叫童养媳。
5 瘸（qué）：因为有一条腿不正常，走路一脚高一脚低的样子。
6 凶险（xiōng xiǎn）：事情非常不好，非常危险。

间的道路却很艰难¹。"说着就伸手要甜豆浆。

何香听他好像是在说自己，又见他腿脚不方便，便舀（yǎo）了一碗甜豆浆给他。谁知其他六人都上前说："我也有一句话送给你：遇到棍子就跪（guì）下，遇到风就跟着它走，遇到水就坐船……"

何香不知道哪句话是谁说的，见这些人虽衣服破烂（pò làn），吃不饱饭，却都开心快乐，心中十分羡慕，便拿出许多碗来，给他们每人舀了一碗甜豆浆。七个道士喝了甜豆浆，也不向何香说谢谢，喝完就走了。

不久以后，婆婆回来见新磨的豆浆少了，生气地问何香是否偷吃。何香回到："有七个道士来化斋²，我给他们喝了豆浆，这也是一件善事。"婆婆破口大骂："你哪有什么豆浆？豆浆是我家的，你吃我家的，用我家的，还拿我家的豆浆给什么贼（zéi）道士！你去把他们给我找来，如果不付钱，我就送他们去见官（guān）！"

何香出去找道士，故意走得很慢，不想追上他们，没想到刚走出村口，就追上了。他们好像在等什么人。何香急得哭了："你们还不快走？婆婆要你们付钱，不然就送你们去见官。"

七个道士哈哈大笑，一起跟何香回到豆腐坊。瘸腿道士对婆婆说："我们身上没有钱，怎么办呢？"婆婆恶声恶语道："没钱？没钱就还我豆浆！"道士们回一声好，就在锅边围成一圈，齐声道："豆浆，这不是回来了吗？"婆婆赶忙去看，真的有满满一锅豆浆！不过，这豆浆不是雪

---

1 艰难（jiān nán）：生活非常难过，或工作非常难做。
2 化斋（huà zhāi）：和尚道士请求别人给钱或者给吃的，叫化斋。

第八课　何香成仙

白的颜色，而是一大锅的咸豆浆，里面还有紫（zǐ）菜、香菜、油条和虾（xiā）皮许多菜。婆婆更生气了："咸豆浆也能算豆浆？呸！呸！呸！"道士们不听她说，一下子就走得看不见了。婆婆便向何香发脾气，举起擀（gǎn）面杖追打。

何香见擀面杖迎面打来，心中灵光一闪[1]，想起道士们说的话"遇到棍子就跪下，谁说擀面杖不是杖呢？于是跪倒在地上，擀面杖打了个空。婆婆又把擀面杖抡（lūn）得呼呼作响，朝何香打来，说也奇怪，这杖怎么也打不到何香身上，每一下都滑（huá）到一边，把婆婆累得气喘吁吁[2]，一下倒在地上，再也爬不起来了。

何香想要离家出走，可是往哪里走呢？她想到"遇到风就跟着它走"，走出门看，四面八方都是风，这怎么走呢？她看到乌云从头顶飘过："云跟着风走，我跟着云走。"走了不知多久，一条大江横（héng）在眼前。"道士要我遇到水就坐船，现在一只船也没有……"何香忽然又想起那瘸腿道士送她的话："江水的风浪不一定凶险，人间的道路却很艰难。"于是作出决定，跳入滔滔江水中。

不知过了多久，何香慢慢醒来，发现自己坐在一叶小舟里，面前是一个长衫道士，样子有些熟悉。何香低声问道："我是死了吗，这难道是极乐世界[3]？"长衫道士笑道："这是仙境。你小小年纪，心地善良，敢想敢做，我吕洞宾（lǚ dòng bīn）这次到来就是为了帮你成仙。""成仙？"何

1　灵光一闪（líng guāng yī shǎn）：比喻突然有了好办法。
2　气喘吁吁（qì chuǎn xū xū）：喘气的样子，很急很急地喘着气。
3　极乐世界（jí lè shì jiè）：这里是指幸福安乐的地方。

香不敢相信自己的耳朵,"我离家出走,不孝顺婆婆,不服从丈夫,世人还不知要怎么毁谤¹我?我怎么能成为神仙?"吕洞宾笑道:"内心自由就是神仙。世人毁你谤你,我却要送你一朵红莲(lián)。"说着伸手在空中一接,手中已多了一朵莲花。

从此以后,何仙姑就和七位神仙在一起,人们叫他们八仙。何仙姑是八仙中唯一一位女仙,帮助许多受苦受难的女子逃出了苦海,迎来了新的一天。

表演与讨论

一、演故事

1. 婆婆平常怎么对待何香?
2. 婆婆知道何香成仙之后说了什么?做了什么?
3. 丈夫知道何香成仙之后说了什么?做了什么?
4. 如果你是七仙之一,会怎么度何香成仙?

---

1 毁谤(huǐ bàng):说坏话,但事实上并不是说的那样。

二、讨论

1. 你觉得何香、婆婆是怎样的人？
2. 婆婆为什么说"这是我家的豆浆"，豆浆不是何香的吗？
3. 为什么七位仙人不直接把何香带走？
4. 何香为什么跳到河里？你认为她这么做有道理吗？
5. 你觉得何香应该成为神仙吗？为什么？

故事中有风俗

中国人为什么爱神仙？

佛是从印度（yìn dù）来的，圣诞老人和基督（jī dū）是从西方来的，神仙却是中国土生土长[1]的。中国神仙故事中，特别受欢迎的是八仙（何仙姑和帮她成仙的七个仙人）的故事。千百年来，中国人把他们的故事添油加醋[2]讲了又讲。中国人喜欢这些神仙，希望活成他们的样子。

---

1 土生土长（tǔ shēng tǔ zhǎng）：一个地方原来就有的，不是从外面来的。
2 添油加醋（tiān yóu jiā cù）：原来的意思是在做菜的时候加油加醋，让菜更好吃，味道更丰富。这里指在说故事的时候，增加许多东西，让故事更好听。

他们爱快活（kuài huó）。中国人有句话"快活似神仙"。讲到神仙的快活，首先少不了好吃的。昆仑山（kūn lún shān）是神仙住的地方，山上有种动物叫视肉，没有手没有腿，全身都是鲜美的肉，吃一块长一块，永远吃不完。有一种草叫蹑空草（niè kōng cǎo），吃了轻轻一跳，就能跳到高高的树上。八仙里有位张果老，还因为偷吃成了仙。偷吃能成仙，好吃懒做[1]能成仙，道出了人人都有的愿望。怀着这种愿望的人们，在生活中同样爱努力。

他们爱自由[2]。八仙里有什么都没有的乞丐（qǐ gài），有什么都不愿做的懒汉，有权力很大的国舅，也有生活最辛苦的女人……这些人有一个共同的特点，做事做人都有些不正常。他们对赚钱、当官、成名、成家这些事情并不放在眼里。社会认为重要的，他们不追求，甚至美与丑，好与坏，在他们眼中也是另一种情况。好看的年轻人被老虎吃掉了，就用一个瘸子的尸体[3]当身体，快快活活活下去。水里没有船，不幸的人跳下去，就到了更好的地方，遇见了更好的人……仙人们怎么样都可以，怎么样都快活，是真正自由的人。

他们爱善良。中国民间故事里获得幸福的人全都是好人。八位仙人也一样。他们总是同情弱小，在与坏人的斗争中聪明、幽默、有办法。

八仙故事里有普通中国人的愿望与梦想，有理想的中国人的心灵与性格。八仙故事已经讲了上千年，我们相信有中国人的地方，就会有人把它

---

1 好吃懒做（hào chī lǎn zuò）：喜欢吃，不喜欢做，不努力。
2 自由（zì yóu）：可以按自己的意愿做事情，并且对自己负责。
3 尸体（shī tǐ）：人死以后的身体。

一直讲下去。

扩展阅读

曹国舅成仙

　　曹国舅成仙之后,头戴官帽,喜气洋洋[1],一看就是吉祥如意[2]的模样。可是成仙之前,曹国舅虽是皇帝的亲戚,却一点儿也不快乐。

　　自从姐姐当了皇后,曹国舅想做什么就可以做什么。他可以骑马打猎、野餐烧烤(shāo kǎo),可以为一点儿小事发脾气,还可以把不喜欢的人杀死……但这一切都不能使他快乐。

　　有一天,曹国舅在树荫(shù yīn)下喝酒。两个人推着一辆车从身旁经过,只听他们唱道:"江山不换,美人不换,我有宝贝,快乐无边。"曹国舅想知道他们有什么宝贝,就请这两个人坐下来喝酒。

　　"两位边走边唱,快乐无边,能告诉我你们的快乐之道吗?"

　　一位说:"我们随便唱唱,哪里懂什么快乐之道?"

　　曹国舅给两位送上酒,又问道:"我虽然是国舅,别人想要的我都有,

1　喜气洋洋(xǐ qì yáng yáng):形容人非常高兴的样子,也可以形容一个地方像过节日一样。
2　吉祥如意(jí xiáng rú yì):吉祥,就是有好运气。如意,就是想什么有什么。

却不知为什么不能快乐。你们能指教¹指教吗？"

另一位说："我们家不富，学不高，无权又无势，奔波²又劳苦，不过还真是十分快乐。快乐之道嘛，都藏在我们的行囊（xíng náng）中。"

曹国舅送上第二杯酒："你们的行囊里都藏了什么宝贝，可以告诉我吗？"

第一位说："没什么没什么，都算不上什么宝贝。"说完又喝了一杯酒。

曹国舅还要问，谁知这两位行人一喝酒就醉，一醉就睡，三杯酒喝下去倒头便睡。曹国舅偷偷打开他们的行囊，只看见一封（fēng）家书，一枚（méi）女子用的发簪（fà zān），一身婴儿穿的衣物，除此之外，就是些吃的用的，没什么特别的。

曹国舅闷闷不乐回到家中。没想到这天晚上，他梦见了一位神仙。他向神仙请教："什么都不能使我快乐，金钱不能，权势不能，家书、发簪、婴儿衣物也不能。我已经试过了人间一切快乐的事，仍是闷闷不乐（mèn mèn bú lè），该怎么办呢？"

神仙伸出一个手指说："有一句话送给你——反其道而行之，何妨³做一些不快乐的事呢？"

曹国舅醒来，记住了神仙的话。

一座桥被水冲（chōng）坏了，行人们很不方便。曹国舅想："我

---

1 指教（zhǐ jiào）：教，告诉。
2 奔波（bēn bō）：为了生活到处忙。
3 何妨（hé fáng）：为什么不。

第八课　何香成仙

有船,不用担心。"但又一想:"神仙要我做些不快乐的事,我该做什么呢?"他拿出许多钱,修好了桥。看到桥上人来人往,他心中感到有些平静。

一场瘟疫[1]降临全城,人人都感到担心。曹国舅想:"我有良医,不用害怕。"但又一想:"神仙要我做些不快乐的事,我该做些什么呢?"他开了一家药店,请来良医,穷人拿药,不用一分钱。看着孩子病好以后的笑脸,他心中感到一点安慰(ān wèi)。

有一年,粮食(liáng shi)不够吃,到处是饥饿的人们。曹国舅想:"我有美食,不用着急。"但又一想:"神仙要我做些不快乐的事,我该什么呢?"他叫家人准备许多粮食,送给穷人。看着人人填饱了肚子,他心中感到一点满足。

过年的时候,曹国舅给穷人们送红包,发新衣。他还为老人建了一个大房子,照顾无家可归(guī)的老人。看着人们开开心心,无忧无虑(wú yōu wú lù),他真的感觉到了平静、安慰、满足、轻松,当然还有——快乐。

快乐的曹国舅,终于放下了皇亲国戚的身份,散尽了钱财,四处游历,心满意足。多年以后,遇上了八仙中的吕洞宾,成了神仙。

1　瘟疫(wēn yì):大的流行的病。

# 写作练习

请续写下面这个故事。

吕洞宾下凡

吕洞宾是八仙里故事最多的神仙。他琴棋书画什么都会,不过最擅长的,还是做梦。他年轻时曾做过一个梦,梦见自己做了官、发了财、娶了美丽的妻子,有一个幸福的家,但是这一切一眨眼就都没有了。他睡去的时候,大仙汉钟离在做饭,醒来的时候,汉钟离的饭还没有做好。从此他就好像明白了什么,跟着汉钟离去山上当神仙了。

成仙之后,吕洞宾每天陪汉钟离下棋。他是一位爱玩的神仙,时间久了,就想玩些别的。有一天,他终于偷偷离开汉钟离,要到人群里去找些开心的事情。

(吕洞宾是一个神仙,他能力很大,普通人做不到的事情,他都能做到。他到人群里去会遇见什么事情呢?他又会怎么做呢?吕洞宾可以去任何地方,也可以去你的国家,他会有什么故事呢?请你把这个故事写完。)

中国人过春节,许多地方都有接财神(cái shén)的风俗。把财神接到家,这一年就财源滚滚[1]、吃穿不愁。然而,有富人,就有穷人。穷人请不到财神,怎么办呢?

1 财源滚滚(cái yuán gǔn gǔn):钱像江水一样来,形容不停地赚钱,赚很多钱。

第九课
请穷神

  从前,有一个人,他爷爷穷,他爸爸穷,他也穷,大家都叫他穷八辈(bèi)。

  这年春节,家家户户放鞭炮(biān pào),迎接财神。可是财神很忙,去了这家,去不了那家。穷八辈想:我年年请财神,财神从来不来,连一个钱也不送给我。我干脆[1]请穷神好了。于是点了炮,烧(shāo)了香,等着穷神到来。

  穷神看见财神喜笑颜开[2]去做客,觉得真没意思。别的神仙都有人请,偏偏[3]他没人理。他穷神不也是个神仙吗?穷神也能叫人发大财。他这么想的时候,恰好穷八辈来请他,他心里乐开了花,立即来到穷八辈家。穷八辈家里没有好酒好菜,但一杯清水一口青菜穷神也挺满意。穷神吃完,笑眯眯(mī mī)地对穷八辈说:

  "明年多种谷(gǔ)子,保你发大财。"

---

1 干脆(gān cuì):副词,形容做事情干净、痛快。
2 喜笑颜开(xǐ xiào yán kāi):形容心里十分高兴,满面笑容。
3 偏偏(piān piān):偏偏+动词,表示动作、事情跟愿望、预料的结果相反。

穷八辈一下子有了盼头[1]，开始到处借种子借地。借不来什么好地，就是地主家没人要的湿地；借不来什么好种子，就是地主家没人吃的烂（làn）谷粒。地主说，年底没收着利（lì）滚利，就叫穷八辈给他白干三年。换了别人，还得掂量[2]掂量。可穷八辈心想着穷神帮他，相信自己一定能行，二话没说答应下来。

穷神还真行，穷八辈虽然只有烂种子烂地，种出来的东西却比别人家好田好地的还要好。

一天财神从穷八辈地里经过，一看，这家不是穷八辈吗？不对啊！他还不到富的时候呢。于是他把这事对玉皇大帝说了。

玉皇大帝说："我规定他穷八辈，他就得穷八辈！"

玉皇大帝叫来海龙王，叫他今晚下雨的时候，往穷八辈的地里下冰雹（báo）。

穷神在旁边听着，心想：太不公平了！为什么敬财神就有钱花，敬穷神就连米都没有。我得再去帮帮穷八辈。

他变作财神的样子，来到地主家中，对他说：

"你把那块湿地借给穷八辈真是可惜啊，那其实是块宝地，种什么都发财。"

地主听"财神"这么一说，立即跑去与穷八辈换地。穷八辈想着这本来就是他的地，换就换吧。

到了晚上，龙王来下冰雹了。第二天，地主起来一看，气坏了，埋怨

---

1 盼头（pàn tou）：希望。
2 掂量（diān liang）：想了又想，再三考虑。

第九课　请穷神

起财神来：

"财神啊财神，你可把我害了啊！"

财神听见了，又跑去告诉玉皇大帝：

"错了，错了，下错了！冰雹下到地主的地里去了！"

玉皇大帝说："我不能叫地主倒霉，我决定叫倒下去的秆（gǎn）子长回去！"

这些话穷神在旁边听得清清楚楚，心想：太偏心了！于是，他又下去了。这次地主却不需要他提醒，早已经跑去对穷八辈说：

"我们还是把地换回来吧。"

说换回去就换回去了。穷八辈看着地上除了冰雹，什么也没有了，不知道该怎么办。这时，穷神来了。

"没关系，你继续努力，会好起来的。"

穷八辈每天更勤快[1]地在地里忙活，倒下去的秆子又长好了，今天一对叶儿，明天一对叶儿，不久结出了许多穗（suì）子。

财神再次从这里经过，大吃一惊[2]，又去告诉玉帝。

玉帝说："只有请瘟（wēn）神下去，给他送一车瘟病，叫他有钱也留不住。"

穷神听了跑去告诉穷八辈，要他出去躲（duǒ）一躲，躲得越远越好。

瘟神找不到穷八辈，他还要去别的地方去送病，不能等太久，于是就把一车瘟病倒在穷八辈家门前。

1　勤快（qín kuài）：做事不偷懒，努力。
2　大吃一惊（dà chī yī jīng）：非常吃惊。

恰好地主来找穷八辈还钱,这些病就全都送给他了。

穷八辈回家后,把谷子换了钱。他想,他的穷神帮助他,日子一定会越过越好。

表演与讨论

一、表演

1. 地主第一次和穷八辈换地,他是怎么说服穷八辈的?请两位同学表演一下。

2. 地主第二次和穷八辈换地,他又是怎么说的?请两位同学表演一下。

二、讨论

1. "穷"这个字会让你想到哪些词、哪些事?

2. "富"这个字会让你想到哪些词、哪些事?

3. 为什么世界上总是有人富、有人穷?

4. 穷人可能发财吗?怎么才能发财?

5. 你从这个故事中学到了什么?

第九课　请穷神

故事中有风俗

家里的那些神仙

过去几千年，中国人生活在多神的世界里。

到处都有神，许多神还有自己的生日。人们认为，在神生日那天拜（bài）他求他，特别灵验。但也有许多神，平时照顾不到，就等到春节一起拜。

厨房灶间住着灶神。

春节期间，灶神要到天上去，向玉皇大帝报告（bào gào）这一家人的行为。如果有人做了坏事，就要减去在世上的寿命。人们怕灶神乱说话，在他上天的前一天给他吃麻糖。麻糖粘（zhān）住了牙齿（chǐ），灶神就没法开口了。即使开了口，说的也都是甜蜜蜜的好听话。或者，拿酒糟（jiǔ zāo）抹在灶上，让灶神醉醺醺[1]，脑子糊涂[2]，说话也糊涂。送灶的时候，还要准备两匹（pǐ）神马，一匹送神上天，另一匹接神回家。

厕所（cè suǒ）里住着厕神。

厕神都是美丽的姑娘，又都是被害死在厕所里的。人们同情她们，打

1　醉醺醺（zuì xūn xūn）：喝太多酒，不能好好走路、说话的样子。
2　糊涂（hú tu）：不清楚，不明白。

心眼里希望她们死后变成神仙。最有名的厕神叫紫姑，她是人家的小老婆，被大老婆害死了。所以正月十五元宵（xiāo）节，人们请她出来的时候常常会说："你的老公不在，大老婆也回娘家去了，你放心出来吧。"厕神出来干什么呢？人们请她出来，是想问问她来年的事情，据说，不管什么事她都知道。

床上住着床神。

床神是一对笑眯眯的老头老太太，叫做"床公"和"床婆"。人们请他们出来，给床公喝茶，给床婆喝酒。因为床公喜欢茶，床婆喜欢酒，哄（hǒng）得他俩高兴了，这一年到头都能睡得安，过得好。

灶神、厕神、床神，还有门神，这是家家都有的。只要烧香祈祷[1]，他们都会来帮忙。

财神就不一样了。不是每个人都能请到的，所以到了接财神那天，大家要抢（qiǎng）着接，就怕被别人抢走了。

过年不仅要接财神，还要送穷神。春节期间许多地方都有送穷神的活动，或把家里清扫干净，把垃圾倒出门去；或剪（jiǎn）个背纸袋的纸女人（穷媳妇），把房间里的脏东西放在纸袋里，送出去烧掉。

然而，生活在底层的人们，一辈子累死累活也送不走贫穷。但是他们不放弃美好的愿望，想出了请穷神的故事，快快活活地讲述自己的故事。

1　祈祷（qí dǎo）：向神求福。

扩展阅读

冻[1]死鬼

从前，有一个冻死鬼，叫朱富有。他死的时候，天下着大雪，他又冷又饿，冻死在冰冷的破庙（miào）里。

原来他家虽然不是大富之家，但也不愁吃不愁穿的。一天，他请算命先生给他算算将来的命运。算命先生算了一会儿，祝贺道：

"财神罩着你呐！将来一定发大财！"

朱富有听说自己将来要发财，从此以后，天天吃喝玩乐，家里的钱很快花光了。他想："这有什么关系？将来我发了一笔财，不又有钱了吗？"

钱哗哗（huā huā）地往外流，他卖掉了房子，最后躲在一间破庙里，等着算命先生说的那笔财。

冬天来了，那笔财仍然没有来。他只有一件单薄（bó）的衣裳，和一个几天没吃东西的咕咕（gū gū）叫的肚子，最后又冷又饿，死在庙里。

他的鬼魂[2]跑到阎王那里去说：

"那个算命先生，他骗我说我会发大财，结果我花光了家里的钱，害

---

1 冻（dòng）：冷。
2 鬼魂（guǐ hún）：有一种说法，认为人死以后就变成鬼，生活在另一个世界。鬼魂就是鬼。

得我又冷又饿，真是死得冤枉¹啊！"

于是阎王派了一个小鬼，把算命先生叫来问。算命先生说：

"我没有骗他。他是要发大财的。你可以去问财神老爷！"

阎王叫人去请财神。来了一个高鼻子、大眼睛的镀金（dù jīn）的神。他说：

"没错的！朱富有原来是有一笔钱在我这里，但是我看他不做生意，又不种田，没法子给他。我想，他也许在读书学文吧，就把那笔钱交给文官（guān）星了。"

阎王叫人去请文官星。来了一个白皮肤、细眉毛的雅致（yǎ zhì）的神。他说：

"没错的！财神的确给过我一笔钱，要我交给朱富有。如果他读了书，考个状元²也没问题的，我也好顺便把钱送给他。但是也没见他读书，我想他大概在学武（wǔ）吧，就把那笔钱交给武官星了。"

阎王叫人去请武官星。来了一个红面孔、竖（shù）眉毛的结实（jiē shi）的神。他说：

"没错的！文官星把朱富有的钱给我了。他如果学学射箭（shè jiàn），舞舞棍棒（gùn bàng），那么我就可以帮他考个武状元。但他却一根脚趾（jiǎo zhǐ）都舍不得动，所以我就把那笔钱交给土地公公了，这样他好随时随地把钱交给他。"

阎王叫人去请土地公公。来了一个矮个子、白胡须（hú xū）的和气的

---

1 冤枉（yuān wang）：形容词，遇到到不公平的事，就会感到冤枉。
2 状元（zhuàng yuan）：以前，中国科举考试中全国第一名叫状元。现在，也可以表示"第一名"。

神。他说:

"没错的!朱富有的钱还在我这儿呢。我时常跟在他后面,想叫他发现那笔钱。当时他躺在我庙里的一块砖头(zhuān tóu)上,我就把钱埋(mái)在下面了。我特意松动了砖头,他只要稍稍动一动手,就可以得到那笔钱了。但是他宁可躺在砖头上哆哆嗦嗦[1],也不肯动一下,我也没法子啊。现在,钱还在砖头下放着。"

阎王派一个小鬼去看,土地庙果然有一块砖头下放着金子。

于是阎王对朱富有说:

"算命先生和几位神仙都没有错。是你自己太懒,钱送都送不到手上,你能怪谁?你就该做冻死鬼、饿死鬼!"

 **写作练习**

请续写下面这个故事。

财神爷借斧(fǔ)子

传说每年除夕(chú xī)晚上,财神爷都要带着斧子,从天上来到人

---

1 哆哆嗦嗦(duō duō suō suō):颤抖的样子。

间，给人分财宝。不过，他不是个公平的神，有的人他给的多，有的人他给的少，还有很多人他一点儿都没给过。

有一年，财神爷忘记了带斧子。他想，随便到谁家借一把就是了。

("斧"和"福"谐（xié）音，借"斧"很容易被认为是借"福"，所以财神爷能借到斧子吗？谁会借斧子给他呢？请你把故事写完。)

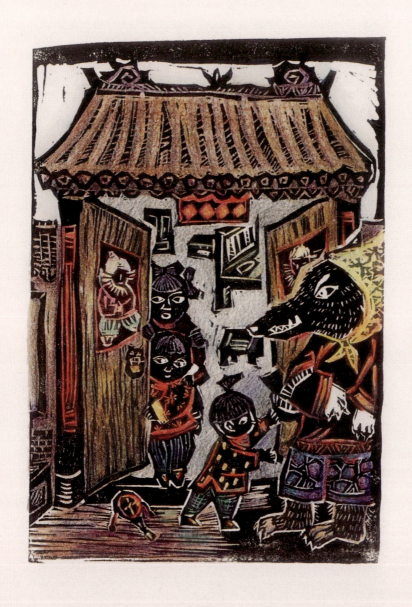

呆在家里就一定安全吗?大人出门去了,屋里(wū lǐ)只有小孩子,这时候狼来了,她们要怎么保护自己呢?

第十课
老狼精

从前,有一个地方,名叫七星庄(zhuāng)。庄里住着张三嫂(sǎo)和她的三个女儿,大的叫大门闩(shuān),二的叫二门鼻,小的叫扫帚(sào zhǒu)疙瘩(gē da)。

一天,张三嫂要去看望孩子的外婆。临走前嘱咐三个女儿:"大门闩、二门鼻、扫帚疙瘩,我不在的时候,你们要关好门和窗,陌(mò)生人来了,千万别开门!"

张三嫂走后,老狼精变成她的样子,来到她家门前。推门门不开,推窗窗也不开,便伸(shēn)长一只腿,拍了拍门环。

"大门闩、二门鼻、扫帚疙瘩,都来给妈妈开门!"

大门闩透过门缝(fèng)一看,说:"你不是妈妈,妈妈身上没有那么多毛。"

老狼精辩解[1]道:"你们外婆给了我一件新袄(ǎo)子,我把它穿反了。"

---

1 辩解(biàn jiě):被批评的时候,想办法为自己说话。

大门闩不给它开门，它继续敲（qiāo）。

二门鼻透过门缝一看，说："你不是妈妈，妈妈没那么大手脚。"

老狼精辩解道："刚才路上摔了一跤[1]，把手脚摔大了。"

二门鼻也不给它开门，它还是敲。

扫帚疙瘩跑过来，说："妈妈回来了，我来开门啦。"

门吱喽（zhī lōu）一声打开了。

老狼精进了屋。

大门闩搬条板凳（bǎn dèng），它不坐；二门鼻搬把椅子，它不坐；扫帚疙瘩给它一个斗（dǒu），它才坐下，把尾巴丢在斗里哗啦（huā lā）哗啦乱响。

"这是什么声音？"三个女儿问。

"在你外婆家捉了只小老鼠回来。"老狼精回答。

晚上，老狼精叫三个女儿同它睡，大门闩和二门鼻不愿意，只有扫帚疙瘩跟它睡下了。

过了大半夜，大女儿二女儿睡不着，只听见老狼精那边"咯咘咘（gē bu bu）"吃东西。

"妈，你吃什么？"大门闩和二门鼻问。

"在你外婆家带来的红萝卜。"

"给我们吃点儿吧！"

"我可不敢，你们吃了会肚子疼的。"

---

1 摔跤（shuāi jiāo）：摔倒在地上。

第十课　老狼精

停了一会儿,又听见老狼精那边"咕咚咚(gū dōng dōng)"喝东西。

"妈,你喝什么?"大门闩和二门鼻问。

"在你外婆家带来几斤黄酒。"

"给我们喝点吧!"

"我可不敢,你们喝了会头晕(yūn)的。"

老狼精到底在吃什么?不会在吃她们的小妹妹吧!"这不是咱妈,这是一只老狼精。咱快逃[1]吧!"大门闩对二门鼻说。

她们商量好了办法,大喊起来:

"妈!妈!我们拉肚子。"

"床下边拉去吧。"

"床下边有床神!"

"门后边拉去吧。"

"门后边有门神!"

"厨房里拉去吧。"

"厨房里有灶(zào)神。"

老狼精不耐烦[2]了:"那就去屋外边拉吧。"

大门闩和二门鼻赶紧跑出来。

天已经有点儿亮了,她们跑到后院,爬上一棵大树,放声大喊:

"东邻西舍[3]快来呀,我家来了个老狼精,吃了我们小妹妹,还想吃俺

1　逃(táo):躲开危险的事情,或者不愿意做的事情。
2　不耐烦(nài fán):觉得很麻烦,不能忍受。
3　东邻西舍(shè):邻居们。东边的邻居,西边的邻居。

99

八角琉璃井

（ǎn）姐妹俩。"

老狼精听见了跑出去，大吼（hǒu）道："上那么高！快给我下来！"

大门闩和二门鼻大声喊："妈！妈！快来看，七角琉璃（liú lí）星，八角琉璃井……"

"死小妮子们！让我上去，让我上去！"老狼精上不去，急得跳脚。

大门闩和二门鼻又说："妈！妈！门后边有根绳（shéng），我们把你拉上来。"

老狼精心想：等我到树上，就把你两个都吃了。

大门闩和二门鼻接住绳子，用力往上拉。眼看快上去了，大门闩和二门鼻一松手，把老狼精摔得头晕眼花[1]。

"哎哟，把妈妈摔死了！"大门闩和二门鼻说。

"不要紧，不要紧，再来一次，把我拉上去。"老狼精摸着屁股咬（yǎo）着牙。

大门闩、二门鼻哼唷（hēng yo）哼唷拉绳子。老狼精心里说："这回你们跑不了了。"它高兴得太早，才到半空中，绳子又掉了，把它摔了个倒栽葱[2]，栽在土里了。

---

1 头晕眼花（tóu yūn yǎn huā）：看不清东西，没办法站好。比如，天太热了，太阳把他照得头晕眼花。

2 倒栽葱（dào zāi cōng）：头朝地摔倒。

邻居们赶到，拔（bá）出老狼精，七手八脚¹把它绑（bǎng）起来。大门闩和二门鼻喊道：

"扫帚疙瘩在里面动来动去呢。"

大伙儿轻轻切开狼肚子。扫帚疙瘩从里面跳出来，一根头发也没少。

大门闩问："夜里听见老狼精咯咘咯咘的，你没受伤吧？"

"没事，没事，那是我的豆子掉在他嘴里了。"

二门鼻问："夜里老狼精咕咚咕咚的，你没受苦吧？"

"没事，没事，那是我的拨浪鼓（bō làng gǔ）卡在他喉咙（hóu lóng）里了。"

说得大家都笑了起来。

表演与讨论

一、表演

1. 如果你家里来了小偷，你正在睡觉，你会怎么办？请两位同学表演一下。

1　七手八脚：形容人多，做事情很乱。

2. 如果在电梯里遇到坏人想抢你的钱包,你会怎么办?请两位同学表演一下。

3. 如果在夜晚回家的路上,遇到想找麻烦的坏人,你会怎么办?请两位同学表演一下。

二、讨论

1. 在你的国家,孩子没有大人陪伴,可以呆在家里吗?为什么?

2. 有人说,中国传统的房子总是有高高的墙,墙外面还有一条河,为的是防止陌生人进来。这说明中国人比较保守,不喜欢冒险。你同意吗?为什么?你的国家有这样的建筑吗?

 **故事中有风俗**

守家护院[1] 妙招多

大人不在家,留下孩子守家护院,这在过去的中国是很常见的。

---

1 守家护院(shǒu jiā hù yuàn):守,保护。守家护院,看家,保护家。

故事里姐妹们的名字，大的叫大门闩，二的叫二门鼻，小的叫扫帚疙瘩，就是说，门闩穿在门鼻子上，将门锁（suǒ）得牢牢（láo）的，陌生人非要往里进，就给他一顿扫帚。

在农村，可以看见许多人家门上都贴（tiē）有门神。人们感到门神本领高强，能驱赶[1]妖魔（yāo mó）鬼怪，保护他们的生命和财产安全。

有些少数民族还有专门防备[2]陌生人的拦门仪式（yí shì）。每逢[3]陌生人来村寨（zhài），广西侗族（dòng zú）人便用长条木凳接起来拦住寨门，每两个凳子之间放一束（shù）草把，表示危险警报（jǐng bào）。然后他

---

1 驱赶（qū gǎn）：赶走。
2 防备（fáng bèi）：做好准备对付不好的事情。
3 每逢（měi féng）：每当遇到。

们唱起拦门歌，询问（xún wèn）来的人是什么人，到寨里来做什么事，想见寨里什么人，想要寨里什么东西等等。来的人必须一一唱答，直到侗寨人不再担心，才拿掉板凳草把，吹起芦笙（lú shēng）跳起舞，把来人当做客人热情招待。

当然，保家护院，更重要的是房子盖（gài）得牢，门锁得紧。中国人盖房子的智慧一流，一个地方有一个地方的特色。

云南有种房子，三面房屋围起来，第四面是高墙，四四方方，从天上看去好像一颗印章（yìn zhāng），俗称"一颗印"。"一颗印"的窗户开得又高又小，外人不容易进去。

北京的四合院也是这样，东西南北都有房屋，四面围起来，一家或几家人家住在里面，门一关就是一个小天地。

上海的石库门弄堂（nòng tang），石头做门框（mén kuàng），厚木头做门扇，里面关着一座"城"。城里一排一排的房子，中间还有天井，人们在里面吃饭、洗衣、纳凉（nà liáng）。大门外面热热闹闹，大门里面安安静静。

福建客家人的围龙土屋更是一绝，房屋一圈一圈围起来，里三层外三层，里层的房屋是公共场所[1]，外层的房屋住着人家。一般的土楼能住两三百人，大一些的七八百人。土楼里有水井，有放食物的仓库（cang kù），打起仗来，哪怕打上一个月，几个人守着大门，里面生火做饭、养狗喂鸡，什么都不受影响。

---

1 公共场所（gōng gòng chǎng suǒ）：大家都可以去可以用的地方。

扩展阅读

枣核（zǎo hé）儿子

有一家两口子，盼了一辈子孩子，头发都白了，也没盼来一个。

这年秋天，老太太在枣树下捡（jiǎn）枣，一边捡一边想：我哪怕有个枣核这么大的孩子也好啊。10个月以后，老太太真的生了枣核大的一个儿子。

别看枣核儿长得小，心可灵啦，落地就会说话，老太太喜欢得不得了。

有一天，老头从外边愁眉苦脸地回来，说："咱村的牛都叫财主抢（qiǎng）走了，眼看要种地了，怎么办呢？"

枣核儿跳到老头的肩膀上，说："爸爸，别着急，财主把牛抢走了，我再把牛赶回来。"

这天晚上，小枣核儿来到财主家，找到牛棚（niú péng），钻进一只老牛的耳朵里，喊："驾（jià）！驾！驾！"天漆黑（qī hēi）漆黑的，什么也看不见，老牛听见有人赶他，就往外走。小牛看老牛走了，也跟着走。不大一会儿工夫，枣核儿把所有的牛都赶回村，给各家送回去了。

财主见牛都给赶走了，又气又恨，到县（xiàn）里去告状。县官和财主一个鼻孔（kǒng）出气，立即叫人把村民都绑（bǎng）了来。枣核儿一看不好，赶紧跳到县官肩膀上说："大老爷，你把他们都放了，我知道是谁赶的牛。"

县官瞅（chǒu）了半天，好容易在肩膀上发现了枣核儿。惊奇地问："你真的知道吗？"

枣核儿说："不错，你把他们都放了，我一定告诉你。"

县官下命令把人都放了，然后问："你说吧，牛是谁赶的？"

枣核儿说："赶牛的人就是我。"

县官说："你不知道财主的东西不能碰吗？"

枣核儿说："我知道财主的东西不能碰。可他天天吃大米白面，他把牛赶走了，谁给他种地？种不上地，他不就没有大米白面吃了吗？"

县官听了不高兴，大喊起来："小东西太没礼貌！给我抓住他，把他打死。"县官的人伸出大手你一下他一下地打，也不知枣核儿打死没有，县官却挨（ái）了许多大巴掌（bā zhǎng）。这时，县官只觉得鼻子上痒（yǎng），原来枣核儿站到他鼻子上啦。县官伸手朝自个儿¹的鼻子就是一巴掌，没打着枣核儿，却把鼻子打得鲜血直流。县官大声喊道："人呢？哪去啦？"枣核儿不知又从哪儿跳了出来，一把揪（jiū）住县官的胡子，说："我在这儿！"县官大喝一声："来人啊，给我打！"县官的话谁敢不听，一伙人一起上前好一顿打。打够了停下手，一看大老爷没气了。

这时只听枣核儿笑说："我在这儿呢！"众人一看，枣核儿正蹲（dūn）在县官脑袋上呢。

---

1 自个儿（zì gě ér）：自己。

写作练习

请续写下面这个故事。

七个怪兄弟

一个老奶奶有七个孩子,老大叫长得高,老二叫跑得快,老三叫铁脖(bó)子,老四叫皮会松,老五叫烧不死,老六叫大鼻子,老七叫水眼睛。他们都像名字说的那样,各有各的本领(běn lǐng)。

那时有个皇帝要盖(gài)高楼,三年都没有盖成。老大长得高跑去,三天就把楼盖到半空中。皇帝说:"这人的本领太大了!将来一定要抢我的位子,住我的楼。杀了他!"长得高被绑起来送去砍头。

(七个兄弟各有各的本领,他们能成功逃跑吗?他们怎么逃脱呢?请你把这个故事写完。)

　　蛇郎在有的故事里是一条蛇，在另一些故事里是穷小伙，总之普通姑娘都不想和他结婚。三姐却答应¹了，意外²地获得了幸福。她是怎么获得的呢？

1　答应（dā ying）：愿意，同意。
2　意外（yì wài）：没想到的，没想到的事情。

第十一课
三姐嫁蛇郎

从前,有个老爹爹,家里有三个女儿。

一天,他去山里打柴(chái),菜瓜蛇拦在路上要吃他。

老爹爹哭道:"你吃了我没关系,可是我家里的三个女儿一定要饿死了!"

菜瓜蛇听了说:"原来你家还有女儿,你给我一个做妻子,我就不吃你。"

老爹爹回家,把这事告诉大姐。

大姐说:"宁可¹吃掉老爹爹,也不嫁给菜瓜蛇。"

老爹爹又问二姐。

二姐说:"宁可吃掉老爹爹,也不嫁给菜瓜蛇。"

三姐听见了,对老爹爹说:"宁可嫁给菜瓜蛇,不让吃掉老爹爹。"

第二天早上,三姐起来,洗脸、梳头(shū tóu)、戴上红头花、穿上红嫁衣,坐着花轿(huā jiào)来到大路边,让菜瓜蛇接回家。

---

1 宁可(nìng kě):宁可A,也不B,在A和B两件不好的事情里,挑选A。

三姐到了菜瓜蛇家,发现家里的东西不是金的就是银的,真跟到了天上一样。

两口子和和美美过日子。过了半年,三姐想要回家看看。

菜瓜蛇说:"你不认识路,我带你去。"

菜瓜蛇一边带路,一边往路上撒(sǎ)芝麻(zhī ma)。送到大门口,菜瓜蛇对三姐说:

"等到芝麻开花,你就回家。"

三姐回到家,大姐二姐一看都红了眼[1],她们的小妹妹头上金花银花,身上绫罗绸缎(líng luó chóu duàn),比以前更漂亮了。

大姐后悔没嫁给菜瓜蛇,把三姐拉在一边,说:

"妹妹,我们来照照镜子比比美。"

这一照把大姐气死了,她和三姐一比,真是一个天上,一个地下。

大姐不服气[2],又说:"我们到河边去照。"

到了河边,大姐说:"你头上戴的,身上穿的,都是好东西,当然更漂亮。把你的东西给我穿戴起来,我们再比比看。"

三姐和大姐换好衣服,大姐不去照河,把三姐一推推到河里。回去却说:妹妹不小心淹(yān)死了。

芝麻开花了,大姐穿上三姐的衣服,戴上三姐的头花,来到菜瓜蛇家。

菜瓜蛇老远看见大姐,是三姐的衣服三姐的头花,怎么样子却有些不

---

1 红了眼(hóng le yǎn):嫉妒。看见别人好,感到不高兴。
2 不服气(bù fú qì):输了,可是觉得自己应该赢,不愿意认输。

第十一课　三姐嫁蛇郎

像呢？他没好意思多问，就让她住下了。

一天，大姐坐在窗前梳头，树上飞来一只黑色的小鸟，对她叫：

"梳我的梳子，梳狗头！照我的镜子，照狗脸！"

大姐知道是三姐变的，拿梳子向小鸟一扔，小鸟被打死了。大姐把小鸟煮了吃。小鸟到了菜瓜蛇嘴里，一口一口都是香喷喷[1]的肉；大姐一吃，都变成硬邦邦[2]的骨头。大姐把剩下的肉和汤都倒（dào）在门口。

第二天，门口长出一棵枣（zǎo）树，树上满是红枣。大姐和菜瓜蛇一同吃枣，菜瓜蛇吃下去又香又甜，大姐吃下去却又臭又酸。大姐把枣树砍（kǎn）了，做成一根捣衣棒（dǎo yī bàng）。

这根捣衣棒，捣起衣服来，菜瓜蛇的又整洁又干净，大姐的都破成一个个洞。气得大姐咬牙切齿[3]，把捣衣棒扔火里烧了。

隔壁叔婆听见那边噼噼啪啪（pī pī pā pā）响，跑去一看，看见一个金人，就把它带回去，藏在箱子里。

以后，叔婆每天回家，家里都收拾得干干净净。是谁干的呢？叔婆决定弄个明白。

一天，她躲在窗外窥视[4]，看见箱子打开了，从里面走出一个金人，变成了一位姑娘。

叔婆认出她是三姐，跑进去抱住她，大声喊：

---

1 香喷喷（xiāng pēn pēn）：很香很香。
2 硬邦邦（yìng bāng bāng）：很硬很硬。
3 咬牙切齿（yǎo yá qiè chǐ）：形容非常生气，气得咬牙、恨得咬牙的样子。
4 窥视（kuī shì）：偷偷地看，不让别人发现。

"菜瓜蛇,快来看!你媳妇在这儿呢!"

菜瓜蛇和大姐都跑来了。菜瓜蛇傻了眼,虽然心里有些认识三姐,但有大姐在,哪个真哪个假,还是不敢说。

叔婆说:"我听说,头发能缠在一起,分不开的就是夫妻。"

结果,三姐与菜瓜蛇的头发互相缠绕[1],大姐的却不能够。大姐被赶了出去,菜瓜蛇和三姐高高兴兴回了家。

表演与讨论

一、表演

请分成三个小组表演一下这个故事。第一组表演三姐嫁给蛇郎;第二组表演大姐害死三姐、来到蛇郎家;第三组表演三姐三次变化,最后复活和蛇郎在一起。

请注意:1. 故事里有几个人? 2. 表演的时候需要几个人? 3. 故事里没有讲,但是你觉得可以增加什么人?增加什么情节?

---

1 缠绕(chán rào):动词,让两条或许多绳子在一起分不开,或让东西像绳子在一起、分不开一样。

二、讨论

1. 大姐和二姐说：宁可吃掉老爹爹，也不嫁给菜瓜蛇。你赞同她们吗？觉得她们有道理吗？
2. 三姐为了老爹爹嫁给了蛇郎。你赞同她吗？觉得她有道理吗？
3. 蛇郎为什么认不出自己的妻子？
4. 不认识不熟悉的情况下结婚，可能幸福吗？为什么？
5. 你认为怎样才能婚姻幸福？

 **故事中有兴变**

远古的成人仪式（yí shì）

很久很久以前，人们认为长大成人和死亡一样，都是一种变化，而变化能产生（chǎn shēng）力量。他们为孩子举办盛大的成人仪式。仪式中，少年扮演死去的人，假装被吃掉、被煮熟，然后变来变去，直到醒来。通过这个仪式，他强烈地感到自己不一样了，长大了。

三姐在醒来之前，在完成成长之前，先后变成了鸟、树和金人。每一种变化里，都有古老的仪式和信仰（xìn yǎng）。

三姐死后变成了鸟。鸟是运送灵魂（líng hún）的动物。不仅在中国，埃及、巴比伦、古希腊、罗马、太平洋和西北美洲，到处都有这种"灵魂鸟"。人们认为，死去之后，灵魂在鸟身上，被鸟带走了。

　　接着鸟变成了树。或许是因为鸟送来了种子，鸟保护树的生长，还因为鸟、树和人都是活生生的生命。原始人的头脑中，生命和生命是一样的，可以互相变化。俄罗斯童话《白野鸭（yě yā）》讲一位夫人在泉水中洗澡，被女巫变成了白野鸭。她丈夫将野鸭拎（līn）起来说"在我的背后长出一棵树，在我的面前出现一位年轻的女郎"。树长出来之后，夫人也跟着出现了。

　　树变成人，表示婚姻（hūn yīn）美好。人变成树呢？希腊神话中，太阳神阿波罗（ā bō luó）爱上了少女达芙妮（dá fú nī），达芙妮不愿被他追上，变成一棵月桂（yuè guì）树。所以，人变树，是死亡，拒绝长大，拒绝结婚。

　　拒绝有着僵硬[1]的样子。比树更僵硬的是金子。从鸟到树再到金人，三姐变得越来越僵硬。

　　变成金人仅仅表示拒绝吗？金子还是闪光的、明亮的。童话里到处有金子、金子的宫殿（gōng diàn）、金色的马车、金头发的公主……童话喜欢金子，因为金子和太阳在一起，而太阳是灵魂居住的地方，是死亡的国。

　　也就是说，变成金人的三姐到了死亡的国，然后她才从死亡中醒来，从拒绝中醒来，成长为一个真正的妻子。

1　僵硬（jiāng yìng）：不能动，不灵活，硬邦邦。

扩展阅读

断臂姑娘

从前有一位姑娘,名叫阿碧(ā bì)。阿碧长得漂亮,还会读书,谁见了谁喜爱。可是,世界就是这么不公平,这样的人偏偏要受苦。阿碧从小死了妈妈,又没有兄弟姐妹,只有一个心肠(xīn cháng)很坏的继母。父亲工作的地方很远,不常在家,她继母只知道自己舒服,脏活累活全都让阿碧做,对她不是打就是骂。

阿碧就这么可怜地长大。

父亲想找个女婿,继母坚持要阿碧嫁给坏侄儿阿七。阿碧无论如何也不答应。阿七趁继母来他家,商量了一个坏主意,给阿碧写信说"继母病了,快来照顾"。阿碧来了,他们不开门,飞出一把大刀,把阿碧的手臂砍(kǎn)了下来。阿碧没了手,疼得死去活来。她想以后继母不知要怎么折磨¹她,伤心地离开了家。

她走到一家人家,看见门前有一棵树,树下有几个大果子。她实在是饿了,没有手捡不到,只好趴在地上,用嘴去吃。这时,大门开了,出来

---

1 折磨(zhé mó):动词,让人不舒服、难受、痛苦。

个小伙。小伙名叫阿图，他见一个没有手的姑娘趴在地上吃果子，就说："大姐，我来给你捡。"

阿碧抬起头，小伙一看——多美的姑娘啊，真可怜！小伙和他哥哥嫂嫂住在一起，这家人同情阿碧，把她留下一起住。阿图的家人每天给阿碧梳头、洗脸、吃饭，阿碧闲下来就和阿图一起读书，阿图进步很快，全家人都很高兴。阿图很喜欢阿碧，两人结了婚，生了孩子。

孩子两岁的时候，阿图去京城考试，得了状元（zhuàng yuan）。回家前，他写了一封（fēng）信，叫人送给家人。送信的人来到一家小店，店主人正是阿碧的父亲和继母。阿碧走后，家里的房子被火烧光。他父亲和继母就开了这个店。继母看见送信人带着的包，觉得里面一定有贵重的东西，趁他睡着了打开一看，看见了那封信。她本来以为阿碧死了，没想到现在成了状元夫人。她不愿意阿碧有好日子过，拿起笔，把信改了。

阿图的家人听说阿图中了状元，没有一个不高兴。收到信一看，你瞅（chǒu）我，我瞅你，不知说什么好。阿碧看过信，流下了眼泪。信里阿图说的是好好照顾阿碧，被继母一改，改成了把阿碧赶出去。阿碧想阿图当了大官，嫌[1]她没有手，就带着孩子离开了。

哥哥嫂嫂怎么拦也拦不住，怕她饿着，把两块大饼一前一后挂在她脖子上。也不知走了几天，大饼吃完了，孩子饿得直叫喊。幸好遇上一个好心的老人，把他们请到自家草屋里（wū lǐ）去住。

屋前面有一条河，河上没有桥。阿碧只好踩着石头过河，不小心和孩

---

1 嫌（xián）：动词，讨厌，不满意。

子一起掉进水里。她心想着去拉孩子,双手突然长了出来。

阿图回到家,才知道阿碧带着孩子离开的事。他急忙去追,追了三天三夜,第四天终于在河边的小屋找到了母子俩。一家人终于团圆[1]。阿碧认了父亲。继母再也没脸见阿碧了。

 **写作练习**

请续写下面这个故事。

不见黄河心不死

从前,有个老太太,养个丑儿子叫阿布。阿布丑虽丑,却天生一副(fù)好嗓子(sǎng zi),没有人不爱听他唱,他就靠这个赚钱过日子。

有一天,他唱到一位有钱人家里。这家有个女儿叫黄河,她听见阿布的声音,便叫人请他进屋(wū)唱。阿布一脚门里一脚门外,瞥[2]见黄河就愣(lèng)住了。他到处唱歌,见过的姑娘千千万,就没见过这么俊俏[3]

---

1 团圆(tuán yuán):一家人全部在一起。
2 瞥(piē):短时间地看一下。
3 俊俏(jùn qiào):漂亮,美丽。

的!他多想进屋再多瞅几眼,可黄河看见他那丑样,赶紧叫人把他赶了出去。

　　从此以后,阿布一天到晚心里老是想着黄河,可把自己愁坏了。饭也不吃,水也不喝,整个人一天天病下去。他妈妈知道他想见黄河,把黄河叫了来。他却睡过去,怎么喊也喊不醒,没过几天居然死了。

　　他死之前,对妈妈说:"我死之后,把我的心拿出来,装¹在袋子里,挂在门上。"

　　(阿布要把心挂在门上。他想做什么?他能成功吗?请你把故事讲完。)

---

1 装(zhuāng):放。

幸福是什么？怎样才能找到幸福？小伙子离开家，去寻找幸福，他能找到吗？

第十二课
找幸福

从前,有个小伙子,名字叫阿福。

阿福长到十八岁,对妈妈说:"我要出门去寻找幸福!"妈妈见他打定了主意,就帮他准备好行李,祝福了他。然后他就出发了。

为了找到幸福,阿福不怕口渴,也不怕肚饿,一直朝前走啊走。一天,来到一位老爹爹家。老爹爹问他:"小伙子,你从哪里来,要到哪里去呀?"阿福说:"我从家里来,要到远方去寻找幸福。"

老爹爹听说赶紧叫来他家姑娘。这姑娘大眼睛,高鼻梁,辫子(biàn zi)乌黑又发亮,笑着对阿福点点头。老爹爹握着阿福的手,对他说:"我这个女儿,心灵手巧[1]又漂亮,可是二十岁了还不会说话。你要是遇见[2]松树下的老人,请帮我问一下,这到底这么回事呢?"阿福说:"好的,好的,我会帮你问的。"

于是他继续往前走,为了找到幸福,不怕山高,也不怕水深,一直朝前走啊走。一天,来到一条溪水边,水流哗啦啦(huā lā lā),漩涡(xuán

---

1 心灵手巧(xīn líng shǒu qiǎo):聪明,所以手很灵巧,什么都能做。
2 遇见(yù jiàn):遇到。

wō）呼噜噜（hū lū lū）。

阿福正着急，忽听山上有个声音在叫："阿福哥！阿福哥！你这是干什么去呢？"阿福一看，一条大蟒蛇（mǎng shé）挂在山顶一棵大树上，回答道："我去找幸福。"

蛇从大树上下来，游到阿福脚边。"如果你见到松树下的老人，请你帮我问一问：怎么我活了一千年，还不能变成龙，飞到天上去呢？"

"好的，好的，我会问的。"阿福说，"只是这溪水我过不去，怎么办呢？"

"我驮[1]你过去吧。"

蛇驮着阿福，安安稳稳[2]过了溪。

于是阿福继续往前走，为了找到幸福，不怕脚疼，不怕腿酸，一直朝前走啊走。一天，走进一个果园。果园主人问他："小伙子，你匆匆忙忙[3]要到哪里去啊？"阿福说："我找幸福去啊。"

果园主人央求[4]他说："那么，你迟早会遇见松树下的老人，到时候，请你也帮我问问看：我园里有一棵果树，长了二十年，怎么连个果子都不结呢？"阿福说："好的，好的，我会问的。"

阿福继续走，为了找到幸福，不怕吃苦，不怕受累，一直走了三年零三个月，来到一座高山上，遇见了松树下的老人。

"小伙子，说出你的问题吧。不过，我这里'问三不问四'，你只能问

---

1 驮（tuó）：动词，背。
2 安安稳稳（ān ān wěn wěn）：没有危险，不用担心，十分安全。
3 匆匆忙忙（cōng cōng máng máng）：很忙很着急的样子。
4 央求（yāng qiú）：很认真、很真诚地请求。

三个问题。"

三个？哑¹姑娘、溪边的蛇和果树，刚好是三个。自己还有一个，怎么办呢？他想了想，三个就三个吧。

于是他问老人："有一户人家，他们想知道，为什么女儿二十岁了还不会说话。"老人说："遇见心爱的人，她就会说话了。"

"有一条蛇，"阿福接着问，"它活了一千多年，还没变成龙，这是为什么呢？"老人说："它头上有七颗夜明珠²，让它摘（zhāi）掉六颗，就可以变成龙了。"

阿福点点头，问出了第三个问题："还有一个果园主人，他有一棵果树二十年不结果子，这又是怎么回事呢？""树下有七大缸（gāng）金子和七大缸银子，把金子和银子挪³开就会结果子。"

最后，阿福没有问出自己的问题，但他觉得能帮别人问也挺好。

他满意地往回走，再次遇上园主人。他说出老人告诉他的话，园主人拿走树下的金银，树上立刻结出了又大又甜的果子。园主人将一半金银送给阿福。

阿福吃着果子继续往回走，再次来到溪水边。大蛇正在岸（àn）边等着他。他把老人的话告诉它，蛇摘下六颗夜明珠，马上长出了龙角和鳞（lín）片，拍打尾巴（wěi ba）飞了起来。

阿福骑着龙飞过溪水，龙把六颗夜明珠送给了阿福。

---

1 哑（yǎ）：形容词，表示不能说话。
2 夜明珠（yè míng zhū）：能在晚上发光的宝珠。
3 挪（nuó）：移动。

最后，阿福来到哑姑娘家。他告诉老爹爹："遇到心爱的人，她就会说话。"

哑姑娘恰好走了进来。

"哟！阿福哥！你回来了……"

说得阿福飞红了脸。

老爹爹可乐呵[1]，让姑娘跟着阿福回家去。

就这样，阿福把幸福带回了家。

# 表演与讨论

一、表演

请分成两个小组表演一下这个故事。

请注意：1. 故事里有几个人？ 2. 表演的时候需要几个人？ 3. 可以尝试改变阿福遇到的三个问题。

---

1 乐呵（lè hē）：高兴，快乐。

二、讨论

1. "幸福"这个词，会让你想起哪些词、哪些事？
2. 这个故事想要告诉我们什么？你同意吗？为什么？
3. 你觉得幸福吗？为什么？
4. 有一种说法，读书多的人更懂幸福，你同意吗？为什么？
5. 你认为幸福与钱有关系吗？为什么？

故事中有巨变

难题与结婚

故事总是说：他们结婚了，从此过上了幸福的生活。当然，结婚并不容易，通往幸福的路中总是困难重重（chóng chóng），故事的主人公却能得到意外的收获（shōu huò），找到人生的另一半，找到他自己的幸福和方向。

成长与结婚关系密切[1]。远古时代，通过成年仪式（yí shì）的青年

---

1 密切（mì qiè）：亲近。关系密切，这里表示有关系。

才能结婚。在仪式中他们必须完成各种各样的难题：从高处往下跳，踩（cǎi）刀梯，走炭（tàn）火，表演被动物吃掉，或变成动物……每一样都暗示着死亡。人们相信，神奇的本领来自神奇死亡的那一边，年轻人只有去过那里，才能带回宝贝，获得神奇助手的帮助，解决那些无法解决的难题。

后来仪式消失[1]了，考验变成了故事。我们看到，故事中的主人公与仪式上的年轻人一样，需要获得宝物、结识神奇的帮助者、打败对手，甚至从死亡中复活，才能赢得婚姻。他们经历的这些事情，都具有死亡体验[2]的意味，都表明从死亡的那一边获得了神奇的能力。所以，"要么结婚要么死亡"，这看上去很不合理的情节总是出现在民间故事里：在格林童话、意大利童话等西方童话的城堡（chéng bǎo）上总是挂着求婚者的头颅（tóu lú），他们因为解答不了公主的难题而被处死。这些难题包括寻找世间没有的宝贝、藏起来不让公主找到、一夜之间造好房子、分出麦豆（mài dòu），或者找出公主们每晚弄破一双鞋的原因。俄罗斯童话里的难题听上去有些特别，是吃光三百头牛，喝光三百桶酒，或在澡堂里洗蒸气浴（zhēng qì yù）。

难题千变万化，最重要的是证明自己去过死亡那边，而最有力的证明是拥有神奇助手和宝贝（如：松树下的老人）。随着地域（yù）和时间的变迁，难题也会改头换面[3]。可不管怎么变，故事的道理不变：幸福是一个

---

1 消失（xiāo shī）：没有了。
2 体验（tǐ yàn）：亲身经历、自己感觉。
3 改头换面（gǎi tóu huàn miàn）：改变，很大的改变。

问题,需要我们去寻找答案。

扩展阅读

1. 巧女择婿

有这么一户人家,有个女儿,生得又聪明又俊俏(jùn qiào),看到的人没有不喜欢的,就有许多人来做媒[1]。张媒人[2]在外头找她爸爸讲,她爸爸答应了:"好,明年正月初八和男的到我家里去,我们好把亲事定下来。"周媒人在屋里(wū lǐ)跟她妈妈讲,她妈妈也答应了:"明年正月初八,你和男的就到我屋里来,我们一起商量着定下来。"姑娘自己也讲了一个,也是约的正月初八,男的来家。

眼看到了正月初八,爸爸说:"今天要有客人来哟!"妈妈问:"哪里来的客人?"爸爸说:"张媒人给我介绍了一个女婿,我要他今天来。"妈妈说:"哎呀,周媒人也跟我讲了一个,也是今天来!"一个姑娘,一下介绍了两个,爸爸妈妈急得不得了。姑娘没把自己那个说出来,只说:

---
[1] 做媒(zuò méi):介绍男女双方使他们结婚。
[2] 媒人(méi rén):做媒的人,婚姻介绍人。

"到时候他们来了,你们就在房里别出来,由我来应付[1]!"

三个人都来了,姑娘准备了一桌酒席,请他们坐下来,说:"你们各说一样东西,用四句话,每一句最后一字分别是'小''大''多''少'。谁说得好,我就嫁给谁。你们看这样行不行?"三个人都没说二话,一致同意了。

爸爸答应的那个,往屋角看了看,看到一把伞,指着说:你看那把伞,收起来小,撑开[2]来大,雨天用得多,晴天用得少。

妈妈答应的那个,往屋里看了看,看到一把扇子(shàn zi),指着说:你看那扇子,收起来小,打开来大,热天用得多,冷天用得少。

姑娘喜欢的那个,一下子说不出来,看到姑娘一双眼睛瞧着他,立刻有了灵感[3],开口说:你看姑娘那眼睛,笑起来小,怒[4]起来大,看我看得多,看别人看得少。

姑娘听了便笑着说:"说伞的先生,说得不错,那伞便送给你。说扇子的先生,也说得很好,那扇子送给你。只有说我的先生,我把自己嫁给你。"于是,她便和喜欢的小伙子结了婚。

2. 蚕马

古时候,有一位军官到很远地方去打仗。过了许久没有回家,也没有

---

1 应付(yìng fu):处理,对付。
2 撑开(chēng kāi):使……张开。
3 灵感(líng gǎn):突然想到很好的办法,可以说"有了灵感"。
4 怒(nù):生气。

第十二课 找幸福

任何有关他和那场战争（zhàn zhēng）的消息，家里人很担心。军官的妻子和女儿决定："谁能将爸爸找回来，女儿就嫁给谁。"

想娶这位姑娘的人可不少，可是一直没有人把军官带回来。军官家里有一匹战马，曾经多次保护他脱离危险。一天，这匹马突然跳跃狂叫（tiào yuè kuáng jiào），不肯吃草，疯（fēng）了似的想要跑出去。"你是要去找我的父亲吗？如果你能把父亲带回家，我就嫁给你。"姑娘说着解开了绳子。

马跑了出去。过了几天，马回来了，背上驮（tuó）着受伤的主人。马再次救了主人，他们一家团圆（tuán yuán），却没有人提结婚的事。马的脾气越来越坏，尤其是见到小姐的时候，不住地立起身子咴咴（huī huī）叫。可是怎么能把女儿嫁给一匹马呢？军官把自己的想法说给马听，马更加厉害地跳跃狂叫。主人忍无可忍[1]，把马杀了。

马皮被剥（bāo）了下来，挂在院子里。一天，小姐来到院子里，含着眼泪抚摸[2]马皮。忽然起了一阵风，马皮飞起来，卷起小姐飞走了。

人们都说：马皮和小姐合在一起，变成了一只蚕。

---

1 忍无可忍（rěn wú kě rěn）：再也忍受不了。
2 抚摸（fǔ mō）：用手轻轻摸。

写作练习

请续写下面这个故事。

不说"酒"字

一家老两口,老汉叫酒老幺(yāo),特别爱喝酒。一天,老婆婆对他说:"我们年纪大了,要多注意健康了。你这么爱喝酒,往后怎么办哟!不喝了吧。"老汉笑着说:"你不叫我喝酒,那你以后不许说'酒'字。哪天你说出一个'酒'字,我就要喝一顿酒;说三个'酒'字,我一日三餐(cān)都要喝酒。怎么样?"

从此以后,老婆婆果然不再说"酒"字,连同音的字都不说。老汉憋[1]了一个月,便憋不住了。九月初八这天早晨,老汉跑出门,找来九个喝酒的老朋友,商量了一个主意。

当天下午,九个朋友提着酒壶(hú),拿着韭菜(jiǔ cài),一起来到老汉家。

"酒老幺哎!"

---

[1] 憋(biē):努力忍住。

第十二课 找幸福

老婆婆迎了出来。

"他早晨出门还没回来呢,你们找他有什么事啊?"

"你看我们九个老汉,提着酒壶,拿着韭菜,来接酒老幺九月九日到九宫山上喝酒去哟!"

"多谢你们啦。等他回来了,我就告诉他。"

天黑了,酒老幺才回家。他乐呵呵地想,那么多的酒字,看老伴儿怎么说。回到家不等老婆婆开口,他就问起来啦:"我今天出门以后,家里来客人了没有?"

老婆婆说:"来了的哟。"

"哎,来了几个人啦?来做什么的呀?"

老婆婆笑眯眯(xiào mī mī)地答:

"我讲给你听:

_____

_____

_____

_____。"

老婆婆就是一个酒字也没说啊!

人们常说东北有三宝[1]：人参（shēn）、貂皮（diāo pí）、乌拉草。人参是三宝之首，被认为是名贵的药材。因为不容易被找到，人们想象它们长着脚，能够跑来跑去。人参变的参花姑娘和参花奶奶跑出去游玩，路上生了病，想找个人家休息养病，会有人家愿意吗？如果有人愿意，结果又会怎样？

---

1 宝（bǎo）：珍贵的东西。

第十三课
参花姑娘

人参奶奶在深山里过了三千三百三十个年头,她的孙女参花姑娘也有一千多岁了。这年春天,祖(zǔ)孙俩到山外游玩,不料[1]一起生了重病,无法回山。

山外有一家人家,住着一对哥俩,老大名叫俄(é)木萨尔(sà ěr),老二名叫都韦(wéi)萨尔。这天傍晚[2],弟弟看见一老一小走进来,说她们生了病,想借住几天,就很想留她们住下,可是哥哥却不愿意。

参花姑娘央求道:"好心的阿哥,我们不白住,有东西谢你们。"说着拿出一棵大人参。

七两为参,八两为宝,这棵人参看上去有一斤重。哥哥瞅着姑娘手里的大人参,顿时[3]换了笑脸,说:"好,没问题,我这就拿它换钱买米去。"

哥哥俄木萨尔跑出去一个月才回家。回家后,就要跟弟弟分家。他

---

1 不料(bù liào):没想到。
2 傍晚(bàng wǎn):靠近晚上的时候。
3 顿时(dùn shí):马上,立刻。

用人参换了多少钱,谁也不清楚,他什么也没给弟弟都韦萨尔。弟弟没有钱,家里又添¹了两个病人,他又要工作,又要照顾她们,人瘦了许多。两个病人在家一躺躺了三年,参花姑娘的病好了,可奶奶的病还是时好时坏。

一天,参花姑娘对弟弟都韦萨尔说:"好心的阿哥,听说西北高山顶上有一棵人参,你要是能把它挖(wā)来给奶奶吃,奶奶的病就会完全好了。"

都韦萨尔走了六天六夜,第七天早上找到了姑娘说的那棵人参。正要动手去挖,一只猛虎跳出来,拦住他。走吧,白来一趟不说,奶奶的病什么时候能好;挖吧,老虎在那儿不肯挪一挪。他从早晨等到天黑,盼²着老虎早点离去,可是老虎就是不走。他不能再等了,拿出了斧子。老虎见都韦萨尔一步步向它走近,忽然朝他跳起来。都韦萨尔躲开老虎,抡(lūn)起斧头,"嚓"(chā)地砍(kǎn)掉了虎头。眼前金光一闪,老虎没了,站在他面前的是一位笑容满面的老太太,不是别人,正是家里那位病了三年零三个月的老奶奶。老奶奶笑眯眯(mī mī)地说:"这里是人参国,是我的家,多谢你这些年照顾我们!我的小孙女给你做妻子,你愿意吗?"没等都韦萨尔回答,人参奶奶弯腰从地上拔出一棵人参,放到他手里说:"回去种到院子里,每天早上把叶子上的露珠接下来,可以治百病³。"说完她手一挥(huī),来了一只梅花鹿(méi huā lù)。都韦萨尔骑到鹿背上,

---

1 添(tiān):增加。
2 盼(pàn):希望。
3 治病(zhì bìng):医生给人看病。用某种方法(吃药、打针等)看病。治百病,治许多种病。

第十三课　参花姑娘

不一会儿就到了家门口。

参花姑娘红着脸迎出门外，都韦萨尔心里乐，嘴上笑，不知说什么好。过了好一会儿，想起奶奶在山上说的话，才说："咱俩把人参种上吧！"

人参种到了小院里，都韦萨尔端（duān）来一盆水，姑娘给人参浇水（jiāo shuǐ）。水浇完了，姑娘也不见了。

都韦萨尔进屋（wū）去找，屋里没有，只见屋里焕然一新[1]，到处是珍珠玛瑙（mǎ nǎo）。都韦萨尔到院子里去找，小院也变了样，四周立起高墙，墙上满是奇花异草[2]。都韦萨尔走出大门去找，门外吹吹打打一群人，走下来一位新娘子，正是参花姑娘。

都韦萨尔和参花姑娘结婚后，每天把人参上的露水接下来，为大家治病。哥哥俄木萨尔见弟弟娶了妻子，日子越过越好，每天去他家治病的人越来越多，就知道他一定是得了宝贝。有一天，他趁弟弟不在家，找到了大人参，把它连根拔（bá）起。就在这时弟弟回来了，两人抢夺[3]起来，把人参一扯（chě）两断。屋内传来一声惨（cǎn）叫，弟弟赶紧跑进屋，见参花姑娘倒在地上，有气无力[4]地说："院里的人参是我的真身，真身坏了，我……"话还没说完，就死去了。

参花姑娘死了，都韦萨尔哭得好伤心。他把参花姑娘和人参一起埋（mái）在院子里。奇怪的事情发生了，参花姑娘死去的第七天早晨，坟（fén）上突然长出一朵大荷花。都韦萨尔每天给荷花浇水，每一天荷花都

1　焕然一新（huàn rán yī xīn）：和以前不一样，给人一种全新的感觉。
2　奇花异草（qí huā yì cǎo）：少见的花草。
3　抢夺（qiǎng duó）：争夺。
4　有气无力（yǒu qì wú lì）：说话声音低，精神不好的样子。

长高一点,浇了七七四十九天,荷花长到一人来高,从花心里跳出一个水灵灵的大姑娘。

这姑娘长得像参花姑娘,但又有一点不一样。她不再有法力,变成了一位普通的大姑娘,和都韦萨尔生活在一起。

表演与讨论

一、表演

1. 如果两个陌生人,像参花姑娘和参花奶奶那样,请求在你家住几天养病,你会怎么办?请三位同学表演一下。

2. 如果你开车开到比较偏僻的地方,有陌生人招手请求坐你的车,你会怎么办?请两位同学表演一下。

3. 如果在火车站,有陌生人说他的钱包被小偷偷了,无法买票回家,想向你借钱,你会怎么办?请两位同学表演一下。

二、讨论

1. 中国有句话叫做"好人有好报",你同意吗?为什么?

2. 人在什么情况下愿意帮助别人？在什么情况下不愿意帮助别人？为什么？

 ## 故事中有兴变

林中的赠礼

参花姑娘是山里的宝贝，也是人间的精灵（jīng líng）。故事里人参奶奶把人参给了都韦萨尔，然后，参花姑娘就成了他的妻子。

在远古的成年仪式上，宝贝被送给年轻人，从此他们便获得了精灵的力量（lì liàng），可以结婚了。现在仪式消失了，仪式中的年轻人走进了故事，成为故事的主人公。

至于是什么样的宝贝，中国故事和西方故事有些不一样：西方的宝物多是马和剑（jiàn），以及解除魔法（mó fǎ）的力量型（xíng）宝物；中国故事的主人公更多地获得了耕田（gēng tián）的狗、变出食物的宝贝和金银等生存（cún）型宝物。

主人公得到宝贝的方法也不同。西方童话中，有因为帮助了一只动物而得到的，有通过劳动而得到的，有从巨人（jù rén）、强盗（qiáng dào）

手里抢来的,也有靠打赌¹和计谋²骗来的;中国的主人公几乎不需要做太多,常常因为善良³和不幸就能获得同情、获得宝贝。

如果说,得宝的方式告诉我们什么样的人才是值得鼓励的,那么西方童话更赞许"力量",中国童话则更推崇⁴"善良"。

俄罗斯有个故事叫《妖精妹妹和太阳姐姐》,讲伊凡(yī fán)在逃离吃人妹妹的路上先后遇见了三个林中人,林中人对他说出他们的问题,他因为什么也不能做,也就什么也没有得到。太阳姐姐同情他,赠给他三样宝贝,他用这些宝贝解决了他们的问题,这才获得了林中人的礼物。这些礼物又帮助他从妖精妹妹那里逃走,最后太阳姐姐帮助他打败(dǎ bài)了妖精妹妹。

这个故事告诉我们:为了得到宝物,需要做点什么(西方童话);但主人公还没有能力做点什么(中国童话),总得有一个人先做点儿什么。这个人就是像太阳姐姐那样既有能力又有同情心的人。太阳的给予(jǐ yǔ)无私⁵而又强大,是世界转动(zhuàn dòng)的力量,也是故事永恒(yǒng héng)的魅力⁶。

---

1 打赌(dǎ dǔ):猜测某件事的结果来定输赢。
2 计谋(jì móu):计划,谋略。
3 善良(shàn liáng):心好。
4 推崇(tuī chóng):看重,尊敬。
5 无私(wú sī):为别人考虑,不为自己考虑,这样的做法就是无私的。
6 魅力(mèi lì):吸引人的力量。

扩展阅读

塌（tā）鼻子

从前，有俩兄弟，哥哥叫李文，弟弟叫李武（wǔ）。哥哥已经结婚，弟弟还没有媳妇。哥哥嫌弟弟将来娶媳妇花钱，就想早点摆脱[1]他。一天，哥哥对弟弟说："李武，前面的山里，杨梅（yáng méi）多着呢。我们去摘（zhāi）些来吃吧。"李武跟着去了。

他们来到一个山脚下。李文停住脚步，说："李武，杨梅就在这山上，你在这里等着，我上山去摘。"

李武等了半天，不见哥哥回来。太阳就要落山了，李武一着急，跑上山去找哥哥。一点儿也不知道他哥哥是要把他留给野兽（yě shòu）吃。

李武在山上东寻西找，怎么也找不着哥哥，却来到一个两层楼的亭子（tíng zi）上。李武上了楼，眼看着月亮出来了，一群仙人说说笑笑走进亭子。原来这个亭叫游仙亭，月圆的夜晚，就有仙人来宴会[2]。

一个仙人从怀里掏（tāo）出个葫芦，开口说："葫芦瓶碌（lù）一碌，酒菜发一桌。"只听见咚（dōng）的一声，就闻到了饭菜的香味。李武还

---

1 摆脱（bǎi tuō）：脱离困难，麻烦。
2 宴会（yàn huì）：在一起喝酒吃饭。

没吃晚饭呢，跑下楼喊道："给我一些吃的吧。"仙人们见有陌生人来，一下子都跑了，留下一桌美味和一个葫芦。

李武大吃一顿，吃饱喝足，抱着葫芦瓶上楼去睡。第二天天一亮，李武欢欢喜喜跑回家。李文看见李武回家来，心里很不痛快[1]。李武却不知道他哥哥的坏良心，笑嘻嘻（xī xī）地对他说："哥哥，你昨天不给我杨梅吃，还要自己先跑走。今天我倒要请你一桌酒菜呢！"

"葫芦瓶碌一碌，酒菜发一桌。"李武敲敲葫芦瓶，一桌子好酒好菜从窗口飞进来。吃完饭，李文就学弟弟的样儿跑到亭子里去等着。

月亮露出云头，仙人们又来了。一个说："我们昨晚宴会，被一个小伙子跳出来，葫芦瓶都忘在这里了。"另一个说："我们再好好找找。"找来找去，就在楼上把李文给揪（jiū）出来了。"看呀！这不是昨晚那个小子么？我的葫芦瓶，一定是你给偷去了！"丢葫芦的仙人说。

"不是我，不是我！昨天不是我！"

仙人们哪里肯相信？一个仙人说："既然他不肯承（chéng）认，我们每个人在他鼻子上捏（niē）一把就是了。"于是七个仙人，在李文鼻子上每人捏了一把，那鼻子给他们捏得一直拖（tuō）到地上。

李文甩（shuǎi）着长鼻子跑回家，关起门窗，不敢出门。李武走了过来。"哥哥，别发愁。我把葫芦还给他们，看他们有什么法子治好你。"

李武就去游仙亭上等着。仙人们又来了，还谈起昨晚的事。一个说："昨晚那个人给我们捏得有趣啦！他的鼻子，给捏得这么长。"一个说：

---

1 痛快（tòng kuài）：高兴。

"那可有什么法子能治好吗?"第三个回答:"这个容易,只要把我的葫芦,打他一下,叫他一声,他回答一声,这样来七下,就完全好啦!"

李武听了都记在心里,仙人一走,他就跑回家对李文说:"哥哥,有办法了!我用葫芦敲你一下,叫你一声,你就回答一声。来七次,你的鼻子就好了。"

于是李武敲起葫芦叫起哥哥来。眼看着李文的鼻子一截(jié)一截变短,到了第七下,鼻子完全变回去了。李文却说:"不够,不够,再敲一下,再敲一下!"李武不肯敲,李文一把抢过葫芦,又敲了一下,自说自答起来:

"李文。"

"哎!"

话音刚落,李文那好好的鼻子,往里一缩(suō),缩成了一个塌鼻子。

写作练习

请续写下面的故事。

小燕子的礼物

有一个好孩子,发现一只受伤的小燕子,就把它带回家,很细心地照顾它。小燕子身体好了,给这个孩子送来一粒黄色的瓜子。好孩子把瓜子种在小院里,长出一根大大的黄瓜。

好孩子把黄瓜摘下来。剖(pōu)开一看,里面装满了金子银子。

邻居家有个坏孩子,听说了这件事,心想,不过是养一只小燕子,就有这样的好事。于是他捉来燕子打伤它,随便给它点吃的喝的。燕子好了以后,也送一粒瓜子来给他。他把瓜子种在小院里,不久,也结出一个黄瓜。

坏孩子很高兴,剖开一看……

(黄瓜里有什么呢?请你把这个故事讲完。)

哥哥和弟弟分家,哥哥把好东西都拿走了,可是,穷弟弟反而越过越好,这是怎么回事呢?

第十四课
狗耕田（gēng tián）

王老头死了，哥哥阿大对弟弟阿二说："兄弟啊，十根手指头不能长在一块儿，树长大了就得分枝（zhī），你也不小了，我们分家吧。"

说是分家，其实全由阿大说了算。因此阿大得了好屋（wū）好田，还霸占[1]了牛。阿二什么也没分到，就从床底下捉了一只很大的虱子（shī zi）。

阿二每天牵着大虱子在村里走。有一天，他坐在一家人家门口休息，放虱子在地上爬。屋里走出一只大公鸡，冲上去，把虱子吃掉了。阿二放声大哭，屋里主人听到了，赶紧出来问：

"你怎么哭得这么伤心啊？"

阿二站起来，带着哭回答：

"你家的鸡，把我的大虱子活活吃掉了！"

"哦！原来是个虱子。"

主人见他可怜，让他把鸡牵走。阿二也愿意，将绳子绑（bǎng）在鸡

---

1 霸占（bà zhàn）：别人的东西，抢过来当自己的东西。

脚上。

阿二牵着鸡在街上走，有一天，他坐在一家人家门前休息，放公鸡踱来踱去[1]。从里面跑出一只大黄狗，一张口，把鸡咬（yǎo）死了。阿二心里一急，又大哭起来。屋里老人家听到了，走出来问：

"你这可怜的孩子，为什么在这里哭？"

阿二说："你家大黄狗，活活咬死了我的鸡……"

"啊！原来是只鸡。"

老人家见他可怜，让他把狗牵走。阿二也愿意，将绳子缚（fù）在狗脖子上。

阿二牵着狗在街上走，狗跟着阿二，开口说话了：

"主人，我会耕田。"

阿二高兴了，把狗带到地主家。

"我的狗会耕田，跟牛一样好。"

地主说："我活了一辈（bèi）子，从没听过狗会耕田。好！如果你的狗真会耕田，我就把这些田送给你。"

哪里想到阿二这狗真会耕田，而且比牛耕得还好，地主只好自认晦气[2]，把田送给了阿二。

阿二有了自己的田，赶着狗在田里耕作，狗服服帖帖[3]，很会卖力。众人看了都很奇怪。

---

1 踱来踱去（duó lái duó qù）：慢慢地走来走去。
2 晦气（huì qì）：坏运气。
3 服服帖帖（fú fu tiē tiē）：很听话，很乖。

第十四课　狗耕田

"阿二，这狗能耕田，但不知道能不能车水？"

"怎么不能？"

众人都不信，于是打起赌（dǔ）来。

这个说："狗要能车水，我送你木头做房子。"

那个说："狗要能车水，我送你瓦（wǎ）片当屋顶。"

阿二把狗放到水车上，狗立即车起水来。

"稀奇[1]，真稀奇！木头瓦片我们给了。"

于是阿二得了木头和瓦片，在空地上建起房子来。

俗话[2]说，话没脚跑千里。村里出了这么怪的事，阿大能不知道吗？他心里嫉妒[3]起来，走到阿二家，对他说：

"弟弟，听说你的狗会耕田。最近田里忙得很，我家的牛病了，狗借我几天可好？"

"可以可以。"阿二还当阿大是哥哥，让他把狗带回家。

再说这阿大，狗到了他家里，也不给它吃，也不给它喝，就叫它去耕田。狗站在那里不肯动，对着他狂吠[4]。阿大大发脾气，居然把狗活活打死了。

阿大把狗埋（mái）在路边。

阿二听了很伤心，跑到狗坟（fén）上去哭。哭着哭着，坟上长出一棵树来，树叶落（luò）在阿二脚边，变成了许多金银珠宝。

1　稀奇（xī qí）：少见，新奇。
2　俗话（sú huà）：通俗的说法。
3　嫉妒（jí dù）：因别人比自己好而感到不高兴。
4　狂吠（kuáng fèi）：狗乱叫。

阿大知道这事以后也跑去树下哭，一边哭一边摇（yáo）着树干。树叶纷纷[1]落下，变成毒蛇（dú shé）和蜈蚣（wú gōng）。

从此，阿二发了财，娶了媳妇，诚实地过起日子来，一天比一天过得好。

表演与讨论

一、表演

请分成两个小组表演一下这个故事。

请注意：1. 故事里有几个人？ 2. 表演的时候需要几个人？ 3. 故事里没有讲，但是你觉得可以增加什么人？增加什么情节？

二、讨论

1. 哥哥欺负弟弟，分家的时候，弟弟什么也没得到，如果你是弟弟，会怎么想？怎么做？

---

1 纷纷（fēn fēn）：纷纷+动词，表示多而乱。

2. 一开始不好的事情最后却变成了好事。你的生活和见闻中有没有类似的经历？请讲讲。

3. 中国有句话叫"无中生有"，意思是原来什么也没有，可是最后却有很多。你的生活和见闻中有没有类似的情况？请讲讲。

故事中有兴变

故事是怎样长成的

古老的故事一代一代口耳相传[1]，姥姥（lǎo lao）讲给妈妈听，妈妈再讲给孩子听。讲的时候，每一个人都爱添加一些自己的想法，于是一个故事就变成了许许多多的故事。好比一棵大树，向着阳光，从各个方向长出了枝（zhī）和叶。

狗耕田就是这样一个老故事。最初，故事仅仅[2]是说：兄弟两个分家，弟弟只得到一条狗，这条狗居然会耕田，比哥哥的牛还要棒[3]。哥哥去借狗，狗不给哥哥耕田，被哥哥打死。狗死后，坟上长出树，弟弟去哭狗，树上

---

1 口耳相传（kǒu ěr xiāng chuán）：你说给我，我说给他。
2 仅仅（jǐn jǐn）：只，才。
3 棒（bàng）：好。

落下金和银；哥哥去哭狗，树上落下砖头（zhuān tóu）或毒蛇（dú shé）。我们把这个故事按照树的样子画下来：

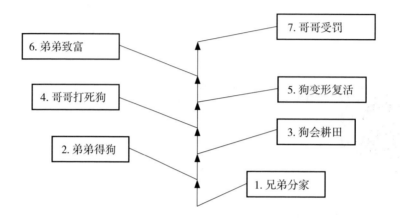

注意到了吗？一开始仅仅是讲弟弟在分家的时候得到一条狗，而前面读到的狗耕田故事里，弟弟分到了虱子，经过许多次交换之后才有了会耕田的狗。这样一来，"弟弟得狗"变得更加丰富有趣了。围绕[1]着"狗会耕田"，故事还增添了"打赌致富"的情节。另外还有一些童话反复讲述了"变形复活"：第一次，狗变成树，弟弟将树枝砍（kǎn）下做了一个筐（kuāng），西边来的雁（yàn），东边来的雁，每天在筐里下蛋。哥哥去借筐子，西边来的雁，东边来的雁，每天在筐里留下粪（fèn），哥哥烧（shāo）了筐。第二次，筐烧成灰（huī）后变出炒豆（chǎo dòu），弟弟吃了豆子放香屁（pì），治好了公主的臭（chòu）气病。哥哥吃了灰里的炒豆

---

1 围绕（wéi rào）：以某个问题为中心。

却放起臭屁来，熏（xūn）坏了公主的衣服。

可见，在画出的那些情节上，讲故事的人经过添枝加叶，就能讲出新的故事来。

那么，把狗换成猫会怎么样？

法国作家佩罗有一篇《穿靴（xuē）子的猫》，就是从分家分得一只猫开始的：兄弟分家，弟弟只分到一只猫。猫和狗不一样，狗靠的是力气，猫靠的却是聪明和狡猾[1]。这只猫穿上靴子，拿着一个空空的口袋，却帮主人发了财，还娶到了公主。

好故事走得久，走得远，走到哪里都能找到它们的兄弟姐妹，产生（chǎn shēng）它们的子子孙孙。

扩展阅读

1. 狗耕田（一）

有两兄弟，他们的父母死了，哥哥就说："我们分家吧。"哥哥心坏，弟弟却是个老实人。哥哥便把好地好房分给自己，只给弟弟分了几块又

1　狡猾（jiǎo huá）：主意多，常常欺骗别人。

干又硬（yìng）、长满杂草的地。最后还剩（shèng）下一头牛和一条狗，哥哥便对弟弟说：

"好弟弟！你看这牛多么笨，每天还要吃很多稻（dào）草；这狗又好看，又灵巧[1]，一天只吃点儿剩饭，弟弟，我把这狗分给你吧！"

谁知哥哥的牛，耕起田来，打三鞭（biān）才走一步，弟弟的狗，却很会耕田，打一鞭就能走三里。

哥哥知道了这事，便对弟弟说：

"好弟弟！听说你的狗会耕田，请借给我耕几日吧！"

哥哥用他的牛换了兄弟的狗，谁知这狗到了哥哥的田里，却不肯走一步。哥哥一生气就把狗打死在田里了。

弟弟知道哥哥把他的狗打死了，便跑到田里去看，只见那里长出一棵树来。他抱着树大哭，哭得起劲时，摇动了树枝，树上纷纷落下许多金银来，弟弟便拾了用衣服包回去。

哥哥知道这事，也跑到树下坐着大哭，一边哭一边用力地摇动树干。一刻间，许多大块的砖（zhuān）瓦，从树上落下来，打得哥哥满头满面都流着鲜血。

2. 狗耕田（二）

有兄弟两个，大的叫阿大，小的叫阿二，两人都已经娶妻生子。阿大

---

1 灵巧（líng qiǎo）：灵活乖巧，很聪明的样子。

的妻子心不好,让阿大和弟弟分家,自家得了好田好地和高头大马,仅仅给阿二一块很差的地和一条很小的狗。

阿二用狗耕田,居然收到许多粮食。阿大用牛耕田,反而[1]不如阿二。阿大老婆眼红了,跑去对阿二说:"你家的狗,借给我用用。"

"好,牵去吧。"阿二答应了。

但那狗也奇怪,阿大牵到田里,光摇尾巴不会走。阿大气极了,把它打死了。

阿二去要狗。阿大的老婆说:"那狗不听话,你哥一生气就把它打死了。"

阿二听说放声痛哭,问:"在哪里呢?"

"扔路边了。"

阿二在路边找到狗,抱着它来到自家田边,埋了起来。他一边埋,一边哭,埋完了还是哭,哭着哭着睡着了。等他醒来,看见坟(fén)上生了一簇(cù)荆条(jīng tiáo)。他拿刀把荆条割(gē)去,编(biān)了一只筐子,挂在屋檐下,说道:"东边的雁,西边的雁,快来给我下一筐蛋。"

小雁子一个接着一个来下蛋,不多会儿,下了满满一筐子。阿二炒的也有了,蒸(zhēng)的也有了,小孩们都养得丰润肥美[2]。

阿大老婆眼红了,又来借筐子:"你看,你的侄子们都怪馋[3]的,把筐

---

1 反而(fǎn ér):连接两个句子,表示没有想到,情况相反。
2 丰润肥美(fēng rùn féi měi):胖胖的,水水的,美美的,很好看的样子。
3 馋(chán):贪吃。

子借给我用一两天,也叫他们解解馋。"

"好,拿去吧。"阿二说。

她把筐子拿到自己家,也挂在屋檐下,说:"东边的雁,西边的雁,快来给我下一筐蛋。"

小燕子东来一个,西来一个,也下了满满一筐,阿大老婆拿下来一看,哪里有什么燕子蛋,一筐子粪!气得她把筐摔(shuāi)地上,踹(chuài)几脚,拿到厨房把筐子烧了。

几天后,阿二去要筐子。

阿大老婆很生气地说:"那筐子没用,我烧了。"

阿二听了心疼得不得了,问:"烧了?灰呢?"

"厨房里呢。"

阿二到厨房里,一边哭一边用手扒(bā)着灰,扒来扒去,扒出许多金豆子。他用这些金豆子卖了许多钱。

阿大老婆听说了,更加眼红了,去问阿二用什么办法赚到钱的。阿二给她一说,她立即回去,在厨房扒来扒去找金豆子,灰里的火星飞出来,往她身上脸上乱扑(pū)。她赶紧站起来,没走几步又摔倒了,只听她大喊:"阿大,阿大,快来帮我灭(miè)火啊!"

写作练习

请续写下面的故事。

别针换别墅

据说，一个小伙子用别针（bié zhēn）换到一栋（dòng）双层别墅[1]，他可以在里面住一年。（请你发挥想象，写一个别针如何换到别墅的故事。）

---

[1] 别墅（bié shù）：高大的楼房，一般供一家人住。

这是一个关于友谊的故事。人和鬼（guǐ）的友谊是可能的吗？什么样的情谊能叫人隔（gé）着山隔着水也要见面呢？

第十五课
渔夫和水鬼

从前，有一条江，名叫桃花江，江边住着一个渔夫（yú fū）。他每天在江上网鱼，网了鱼拿去卖钱，卖了钱拿去换酒。

这一天，他买了酒，煮（zhǔ）了鱼，坐在江边，边吃边欣赏[1]美景。忽然看见一个人从水里爬出来，渔夫请他坐下喝杯酒，他一边喝一边流下了眼泪。

"我刚掉在水里淹（yān）死了……"

渔夫听了有些害怕，后来看这水鬼和人也没什么两样，就继续同他喝起酒聊起天来。

聊了很久，水鬼说："我帮你到水里赶（gǎn）几条鱼。"

说完跳到水里，不一会儿，一大群鱼游到渔夫网里，乒乒乓乓跳。从此，每天晚上，水鬼都来帮渔夫网鱼；每天晚上，渔夫都备好酒菜，与水鬼同吃。两个人成了无话不说的好朋友。

有一天，水鬼一趟又一趟地帮渔夫赶鱼，渔夫网到的鱼比平时多好几倍。

"朋友，今晚是我最后一次帮你了。"水鬼说，"明天有个女人从东边

---

1 欣赏（xīn shǎng）：享受美好的事物；觉得很好，喜欢。

来，她将代替我成为水鬼，我就能投胎[1]做人了。"

渔夫听了一半欢喜一半愁。最后，他决定为朋友高兴，又去买了一些酒菜。两人聊了一个晚上，依依不舍[2]地告别了。

第二天早上，渔夫站在水边望。

果然来了一个女人。这女人一边走一边拿扇子（shàn zi）遮挡[3]阳光。忽然起了一阵风，扇子被吹落水中，女人下水去捞（lāo）扇子。眼看要捞到了，扇子就漂开一点点。这样捞了好几次，不知不觉[4]走到深水里，挣扎[5]起来。

奇怪的是，不多会儿，少妇从水里爬了上来。

夜晚，渔夫又见到了水鬼。

"她肚里有个小孩，人家是两条命啊。"水鬼说。

渔夫没说话，给他倒了一杯酒。

往后的日子，水鬼继续为渔夫赶鱼，渔夫呢，继续拿卖鱼的钱换酒招待[6]水鬼。他们的感情一天比一天深。

又过了一年。

有一天，水鬼一趟又一趟地帮渔夫赶鱼，渔夫网起的鱼比好几天加起来还要多。

---

1 投胎（tóu tāi）：有一种说法，认为人或者动物死后，灵魂可以进入一位妈妈的身体，再次被生出来，成为别的人或者动物。死后灵魂进入一位妈妈的身体，成为她的孩子，就叫投胎。
2 依依不舍（yī yī bù shě）：形容词，舍不得分开的样子。
3 遮挡（zhē dǎng）：为了不让别人看见，从上面或外面挡住。
4 不知不觉（bù zhī bù jué）：没有意识到，没有发现。
5 挣扎（zhēng zhá）：用力支撑或摆脱。
6 招待（zhāo dài）：照顾客人，给他们安排吃、住或者玩。

第十五课　渔夫和水鬼

"朋友，今晚是我最后一次帮你了。"水鬼说，"明天有个少年从西边来，我找他当了替身¹，就可以投胎了。"

渔夫祝贺了他的朋友，两人畅饮（chàng yǐn）了一夜。

第二天，渔夫去水边送水鬼。

西边果然来了一个少年，抬着水桶到水边来汲（jí）水。他将水桶往水中一抛（pāo），汲了满满一桶水，往回拉绳子，拉了两下，水桶开始往下沉，把少年拉进水里。

奇怪的是，不多久，少年从水里爬了出来。

夜晚，渔夫又见到了水鬼。

"他家里还有一个小弟弟，他死了，他的弟弟失去依靠²，也活不了。又是两条命！"

渔夫点点头，给水鬼倒了酒，自己也拿起一杯喝光了。

水鬼又和渔夫在一起，每天赶鱼、喝酒、聊天，不知不觉又过了一年。

一个夜晚，下着小雨，水鬼一趟又一趟地帮渔夫赶鱼，赶了许多鱼，船都快要装满了，水鬼还在赶。

"朋友啊，你是不是又要离开了？"渔夫问。

"是啊，这次我真的要走了。"水鬼说，"玉皇大帝看我心好，让我去当城隍（chéng huáng），只是与这里隔山隔水……不知道什么时候能再见面……我去了以后，再也不能离开那里。你要是想我了，一定来

1　替身（tì shēn）：代替别人做事的人。这里的替身，是代替水鬼淹死的人。
2　依靠（yī kào）：当一个人需要某人的帮助时，他就要依靠某人。也可以指被依靠的人或东西等等。

看我。"

第二天夜晚,水鬼没有再来。

第三天,渔夫出发去寻找水鬼的那个城市。

不知走了多少路,一天,渔夫把船靠了岸(àn),往城里走去。

城隍庙里的城隍像,真和水鬼一个样。

"朋友,我来看你了!"渔夫说。

神像点点头,流下了长长的眼泪。

当天夜里,渔夫坐在船上,回忆和水鬼在一起的日子,长长叹(tàn)了口气。

"渔夫啊,请你到我家里去。"

说话的是一位老人家。

"我不认识你啊!"渔夫纳闷地说。

"我昨晚梦见城隍来对我说,他的老朋友今天从远方来,叫我一定好好招待。请跟我来吧。"

全城人都和老人做了同样的梦。这家也要请渔夫,那家也要请渔夫。渔夫挨家挨户[1]做了一遍客。临走时,大家送给渔夫许多钱,这些钱渔夫一辈子都用不完。

渔夫要回家了,船离开的时候,来了一阵大风。他想这也许是朋友在送他吧,于是说:"不用送了,你不能离开你的城市啊!"然后,风就停下了。

---

1 挨家挨户(āi jiā āi hù):形容词,意思是:一家接着一家。比如,挨家挨户地找,意思是:一家接着一家地找,每一家都找了。

回到桃花江，渔夫买了许多船，租给人们，教他们摆渡[1]和打渔。桃花江上的船渐渐多了起来，桃花江上再也没有水鬼了。

表演与讨论

一、表演

请分成三个小组表演一下这个故事。第一组表演渔夫和水鬼成了好朋友。第二组表演水鬼投胎，到远方去当城隍。第三组表演渔夫和水鬼再次见面。

请注意：1. 故事里有几个人？ 2. 表演的时候需要几个人？ 3. 故事里没有讲，但是你觉得可以增加什么人？增加什么情节？

二、讨论

1. 朋友这个词会让你想起哪些词？哪些事？
2. 你有朋友吗？和朋友在一起的时候，你们喜欢做什么？

---

1 摆渡（bǎi dù）：用船过河。

3. 你认为真正的朋友应该是怎样的？
4. 如果你的朋友在很远很远的地方，你会专程去看他吗？为什么？
5. 为了朋友，你可以做什么？你不会做什么？

 ## 故事中有兴变

人捉鬼和鬼朋友

中国鬼故事里的鬼很有意思。

最早的鬼并不友好，总是找人的麻烦。后来，人变聪明了，就有了捉鬼卖鬼的故事：

一位叫定伯的少年，夜晚走路遇上了鬼，骗鬼说："我也是鬼。"两个都要到市场去，就一同走。鬼建议互相背着走。鬼先背定伯，背了一会儿，问："你这么重，不是鬼吧。"定伯说："我是新鬼，所以重。"定伯背鬼，鬼果然是轻飘飘的。定伯问："我是新鬼，也不知道应该怕什么？"鬼答："怕人吐唾沫[1]。"两人来到溪水边，定伯让鬼先过，鬼悄没声息[2]地

1　唾沫（tuò mò）：口水。
2　悄没声息（qiǎo méi shēng xī）：听不到任何声音。

走了过去。定伯过河,把水踩(cǎi)得哗啦(huā lā)哗啦响。鬼问:"你怎么弄出声音来了呢?"定伯答:"我刚死,还不会过河。"快到市场了,鬼要自己走,定伯却拉住他不放手。到了市场,把鬼放下,鬼变成一只羊,定伯怕他变来变去,朝他吐了唾沫(tuò mò),叫卖起来。还真卖了出去,得了许多钱。

关于"水鬼找替身",有许多不同的讲法,我们按照故事出现的早晚把它们分为祖先(zǔ xiān)故事、婆婆故事和妈妈故事。

祖先故事里的主人公(有时候是书生)并不是水鬼的朋友,水鬼要找替身,主人公救了替身,水鬼很气,甚至把主人公害死了。

在婆婆故事里,水鬼就没那么凶(xiōng)了,主人公救了替身,水鬼去找主人公诉苦,主人公帮他回到了家乡。或者,主人公渔夫和水鬼做了朋友,当水鬼找替身的时候渔夫救了替身,水鬼得到了奖励(jiǎng lì)。

妈妈故事里的鬼变得越来越善良(shàn liáng),同情起他的替身来,一个也不忍心伤害。《渔夫和水鬼》是妈妈故事中特别温暖的一个。水鬼与渔夫的友情,隔山隔水也隔不断。像夜晚的星光,穿过时空,与我们相遇。

扩展阅读

找替身

有一位老先生,年三十晚上喝了酒,醉醺醺(zuì xūn xūn)地回家。走到半路,远远看见有个女人带一个包坐着。老先生觉得很奇怪,便走过去问道:"这么晚了,怎么还在外面呢?你家在哪儿,我送你回去吧。"女人说:"啊!不用你管!"老先生很认真地说:"啊!没关系!"

说着就把女人的包抢了过来。

女人着急了:"你快还我,我是吊死鬼(diào sǐ guǐ),你不还我,我就要做鬼脸了。"

老先生一点不怕。于是吊死鬼眼睛流血,吐出长长的舌头。老先生还是不怕。她没有办法,只得求他把包还给她,并且说,如果再等一会儿不还她,就又要等二十年才能投胎。老先生看她可怜,就叫她拿去。她又不敢拿,说怕老先生手里的《易经》。老先生把包放在地下,叫她自己去拿。那鬼拿了包,道了一声谢便走了。

老先生不放心,悄悄跟在吊死鬼后面。走了半天,才看见鬼进到一所房子里去了。老先生在门缝(fèng)里看,可是什么都看不见。等了

第十五课　渔夫和水鬼

半天，只听见"咣当（guāng dāng）"一声，好像打碎（suì）一个碗，一会儿，又是骂人打人的声音，一个女人哭了起来。老先生知道不好，赶紧敲门。

原来这家只有婆媳[1]两个，儿子不在家，婆婆天天欺负[2]儿媳。今天是三十晚上，媳妇正在洗碗，鬼把碗打碎了。三十晚上打碎东西是不吉利[3]的，所以婆婆又打又骂。媳妇好伤心，就去上吊。

正要上吊的时候，老先生在外边敲门。媳妇只得出来开门，开了门，老先生就把吊死鬼要来找替身的话，告诉了婆媳二人。她们听了，非常感谢，请老先生喝了几杯酒。

老先生继续赶路回家。不多会儿，吊死鬼追了过来。嘴里嚷（rǎng）着："你把我害了呀！我又要再等二十年！我不能放过你！"老先生只得跑，一个喝醉的老头，哪里跑得过吊死鬼，看看就要追上来了，老先生忽然心生一计：她不是怕《易经》吗？我拿《易经》打她，她不就跑了吗？于是鬼走近的时候，他举起《易经》就打过去。鬼果然害怕，倒退了好几步。退了几步，又追上来。老先生只好再打。这样打一下，跑几步，一直到天亮才跑到家。

---

[1] 婆媳（pó xí）：婆婆和媳妇，婆婆就是丈夫的妈妈，媳妇就是儿子的妻子。婆媳，指的就是某个男人的妈妈和妻子。
[2] 欺负（qī fù）：伤害弱小。
[3] 吉利（jí lì）：事事顺利，想什么就有什么。

写作练习

请续写下面这个故事。

淹死鬼上当

有一个叫阿牛的人，一天坐在河边洗脚。正洗得高兴的时候，忽然觉得河里有人用力往下拉他的右脚。阿牛以为是朋友们开玩笑，用力挣脱，谁知越挣越紧，他快要沉下去了。这时候，他想起人们说过，河里有一种淹死鬼，专门拉人做替身的。他心生一计，大声喊道……

（阿牛能摆脱淹死鬼吗？他是怎么摆脱的？请你把这个故事写完。）

第一课《为什么不走快些》:"走快了有什么用?前面也是雨。"

第二课《真本事》:"有酒谁不会喝?没酒喝酒才是真本事呢。"

第三课《不当阎王》:"有这么好的事,那我连阎王也不当了,我去变人,你来当阎王吧。"

第四课《岂有此理》:"岂有此理!"

第五课《祝寿》:"寿瓦落下来,砸了我的寿头。"

第十二课《不说"酒"字》:"八个老汉带一翁,下午来到我家中。前头提的三三壶,后头拿的扁扁葱。接你明天重阳节,对面山上喝几盅(zhōng)。"

附录 2
学生故事
习作选登

1. 枕头姑娘

［乌克兰］迪马

有个穷小伙子,没有别的亲人,就一个舅舅。舅舅对他可好啦,没有吃的给他送粮食,没有穿的给他送衣裳(shang),生病了带他去看病。可是,村里有些坏人,总找他赌钱。他输了钱,天天被催着还钱。最后实在没办法,只好找舅舅借。又不敢说赌输了钱,骗舅舅说是"要娶媳妇"。

舅舅把钱给他了。可是人家说,还要还利息。他只得再次撒谎,"娶了媳妇没钱过日子"。舅舅关心外甥,不但给了钱,还说过几天去他家里看媳妇。

小伙子很着急,可是他没有办法。晚上他躺在床上,但是他又担心舅舅伤心。这样过了一夜。

第二天,他醒了,睁开眼睛,竟然发现桌上摆满了菜。他被吓到了,以为是哪个朋友给他准备的。他吃完早饭就出发去干活,干了一会儿,他渴了,竟然发现边上有一壶水和一些水果。下午他回到家,发现家里被打扫得很干净。他以为是舅舅来了，可是房间里没有人。走到厨房，锅里炖着汤闻起来很香。他忍不住把汤喝完了，然后准备上床睡觉。

当他睡觉的时候，他听到厨房有奇怪的声音，心里很害怕。起床走到厨房，偷偷地往里看，发现竟然是一个很漂亮的女孩在打扫卫生。他怕被女孩发现，就悄悄回到床上。结果发现枕头不见了，可是还是假装在睡觉。他看到那个漂亮的女孩子打扫完厨房就开始打扫自己睡觉的房间。他看着看着又睡着了。

第二天醒来，他发现自己是躺在枕头上的，以为昨天晚上是一个梦，但是一看桌上，摆满了食物，他知道昨天那个女孩是存在的。他想问那个女孩子为什么给他打扫卫生，给他做饭。

吃完早饭以后，他还是出门去干活，可是这次他躲在自己家旁边，想看看女孩子是从哪里来的。等了很久，才发现那个漂亮的女孩子竟然是从自己房间出来的，并且在给门前的花浇水。

他冲上去问那个女孩子："你是谁？"

女孩回答："我是枕头姑娘。"

小伙子很惊讶："你是我的枕头变的吗？"

女孩子笑着点头："那天晚上我听到了你的愿望，于是就来帮助你了。"

小伙子很开心，他问枕头姑娘："你可以做我的妻子吗？那样舅舅就不会为我伤心了。"

枕头姑娘害羞地说："当然可以啦。"

后来舅舅来了，看见了漂亮的枕头姑娘，非常满意。枕头姑娘还给舅舅做了很多好吃的。在枕头姑娘的帮助下,小伙子不和坏人赌钱了。他们过上了幸福快乐的日子。

2. 枕头姑娘
[毛里塔尼亚] 阿杜

有个穷小伙子,没有别的亲人,就一个舅舅。舅舅对他可好啦,没有吃的给他送粮食,没有穿的给他送衣裳(shang),生病了带他去看病。可是,村里有些坏人,总找他赌钱。他输了钱,天天被催着还钱。最后实在没办法,只好找舅舅借。又不敢说赌输了钱,骗舅舅说是"要娶媳妇"。

舅舅把钱给他了。可是人家说,还要还利息。他只得再次撒谎,"娶了媳妇没钱过日子"。舅舅关心外甥,不但给了钱,还说过几天去他家里看媳妇。

小伙子很着急,坐在路上哭。一个老人听到了,问他:"你哭什么呀?"小伙子说:"我没有媳妇儿,我需要一个媳妇儿。"老人笑了笑,拿出一个枕头给他,说:"别急,你把这个枕头带回去,好好对它,它会帮你找到媳妇儿。"小伙子不相信,但是想白拿一个枕头也挺好的,他就拿回去了。那天晚上,小伙子枕着这个枕头睡得很香。

第二天,舅舅来了。小伙子出门去接他。他打算向舅舅坦白自己没有媳妇儿。但是他一到家就惊呆了,里面有一个漂亮的姑娘正在做饭。看到他们两个人来了,她热情地打招呼:"你们回来了!"舅舅很开心,不停地说:"多能干的媳妇儿呀!"三个人吃了饭,舅舅回去了。

小伙子问:"姑娘,你到底是谁?为什么突然出来帮我?"姑娘说:"我是天上的一个小仙女,因为做了错事,被变成枕头,需要做一百件好事才能回到天上。因为你需要帮助,所以我来了。"小伙子太高兴了,说:"那你会一直留下来帮我吗?"姑娘说:"是的,我会帮你,直到做满一百件好事。"于是姑娘留下来了,早上变成人,给小伙子做家务,晚上又会变成枕头。小伙子的日子越来越好,人也越来越勤劳认真。

终于有一天,姑娘做满了一百件好事,要走了。小伙子很舍不得,她告诉他:"现在你已经可以照顾好自己了,你找一个真的媳妇儿吧!"姑娘说完就走了。虽然姑娘走了,但是那个枕头还留了下来。小伙子生活得越来越好,也找到了真的媳妇儿。他一直保留着那个枕头,作为对姑娘的感谢。

3. 财神爷借斧子

[毛里塔尼亚]阿杜

传说每年除夕晚上,财神爷都要带着斧子,从天上来到人间,给人分财宝。不过,他不是个公道的神,有的人他给的多,有的人他给的少,还有很多人他一点儿都没给过。

有一年,财神爷忘记了带斧子。他想,随便到谁家借一把就是了。

财神爷来到第一户有钱人家,敲门说:"请问,可以借给我你们的斧子吗?"那户人家奇怪地看着他说:"什么?借斧子?不借不借!过年了,我们要福，怎么还能把福气往外借呢！"说完就关门了。

财神爷很生气，说："亏我以前还分给你们这么多钱呢！真是太小气了！"

财神爷又去了好几户有钱人家借斧子，但是他们都拒绝了他。

最后他来到另一户人家门口。这家人看起来很穷。财神爷觉得肯定借不到了。

那家的男人问："请问，你需要什么帮助吗？"

财神爷说："我想借你家斧子，可以吗？"

男人说："当然可以！很乐意帮助你！"

他让妻子拿了斧子给财神爷。

财神爷吃惊了，问他："为什么你愿意借？难道你不怕没有福气吗？"

男人笑着说："大家都应该互相帮助，帮别人，自己也能得到福气啊！"

财神爷听了很满意，决定给这家人分更多的钱。从此，这家人的生活越来越好。

4. 不见黄河心不死

[也门] 穆德

从前，有个老太太，养个丑儿子叫阿布。阿布丑虽丑，却天生一副好嗓子，没有人不爱听他唱，他就靠这个赚钱过日子。

有一天，他唱到一位有钱人家里。这家有个女儿叫黄河，她听见阿布的声音，便叫人请他进屋唱。阿布一脚门里一脚门外，瞥[1]见黄河就愣住了。他到处唱歌，见过的姑娘千千万，就没见过这么俊俏的！他多想进屋再多瞅几眼，可黄河看见他那丑样，赶紧叫人把他赶了出去。

从此以后，阿布一天到晚心里老是想着黄河，可把自己愁坏了。饭也不吃，水也不喝，整个人一天天病下去。他妈妈知道他想见黄河，把黄河叫了来。他却睡过去，怎么喊也喊不醒，没过几天居然死了。

他死之前，对妈妈说："我死之后，把我的心拿出来，装在袋子里，挂在门上。"

妈妈按照阿布说的做了。看到阿布的心，妈妈惊呆了。她从来没见到过这么好看的心。原来，阿布虽然脸长得不好看，但是有一颗这么好看的心。

黄河听到阿布死了，想到以后没有那么好听的歌声，就想去看看。

走到阿布家门口，她看到了阿布的心，她哭了。

她看到的是一颗十分漂亮的心，上面还有对她的爱。

她觉得很后悔。自己因为阿布的样子就不管他的心是不是好的。

她趴在门上哭了。当黄河的眼泪流在阿布的心上，神奇的事情出现了。阿布重新站在了黄河面前，而且变得好看了。黄河抱住了阿布，他们幸福地生活在了一起。

---

[1] 瞥（piē）：短时间地看一下。

图书在版编目(CIP)数据

中国民间故事:讲述、表演与讨论/黎亮,常立,朱丁著. —上海:复旦大学出版社,2018.8
ISBN 978-7-309-13813-9

Ⅰ.①中… Ⅱ.①黎…②常…③朱… Ⅲ.①汉语-对外汉语教学-教材②民间故事-作品集-中国 Ⅳ.①H195.5

中国版本图书馆 CIP 数据核字(2018)第 172956 号

中国民间故事:讲述、表演与讨论
黎亮 常立 朱丁 著
责任编辑/谢少卿
装帧设计/卢晓红

复旦大学出版社有限公司出版发行
上海市国权路 579 号 邮编:200433
网址:fupnet@fudanpress.com http://www.fudanpress.com
门市零售:86-21-65642857 团体订购:86-21-65118853
外埠邮购:86-21-65109143 出版部电话:86-21-65642845
上海丽佳制版印刷有限公司

开本 787×1092 1/16 印张 11.5 字数 123 千
2018 年 8 月第 1 版第 1 次印刷

ISBN 978-7-309-13813-9/H·2847
定价:39.00 元

如有印装质量问题,请向复旦大学出版社有限公司出版部调换。
版权所有 侵权必究